Sina-Aline Geissler

DOPPELTE LUST

Bisexualität heute —
Erfahrungen und Bekenntnisse

WILHELM HEYNE VERLAG
MÜNCHEN

HEYNE SACHBUCH
Nr. 19/340

Inhalt

Chancen und Risiken

Vorwort

Nachdem ich beschlossen und in meinem Bekanntenkreis verkündet hatte, ein Buch über das Thema Bisexualität zu schreiben, wurde ich immer wieder gefragt, ob ich denn zu dieser Form der Sexualität mehr als Theorie beizutragen habe. Das mußte ich verneinen – zunächst jedenfalls. Ich hatte zwar schon seit längerem ausgeprägte, sich stetig steigernde Phantasien in Richtung Bisexualität gehabt, fühlte mich jedoch, was praktische Erfahrungen auf diesem Gebiet angeht, noch wie ein unbeschriebenes Blatt.

Doch durch die Gespräche mit Frauen und Männern, die bisexuell leben und lieben, wurde mir im Laufe der Wochen schnell bewußt, wie viele kleine, kaum wahrnehmbare bisexuelle Erfahrungen ich in Wirklichkeit selbst schon gesammelt hatte. Die Erinnerung an die früheren zaghaften Ansätze bisexuellen Erlebens machten mich zusehends neugieriger auf die

Grenzen meines eigenen sexuellen Empfindens. Mit der Neugier wuchs die Lust. Und rund drei Monate später konnte ich die Frage nach eigenen bisexuellen Erfahrungen mit einem stolzen Ja beantworten.

So verdanke ich der Idee zu diesem Buch und der Arbeit daran eine völlig neue Dimension des erotischen Erlebens, der Liebe und einer erfüllten Sexualität. Ich habe ein neues Stück von mir selbst entdeckt. Die Erfahrung, wie beglückend und wie erregend es sein kann, als Frau eine Frau zu lieben und von ihr geliebt zu werden, möchte ich um nichts in der Welt missen. Ich glaube, sie hat mich liebes- und auch genußfähiger gemacht denn je zuvor.

Auch wenn mein Bedürfnis, einen dominanten Mann an meiner Seite zu haben, meine «Lust an der Unterwerfung» – um diesen Titel eines früheren Buches von mir zu zitieren – auf die Dauer stärker ist als jede meiner anderen Lüste und ich deshalb meine bisexuellen Neigungen nur sehr sporadisch ausleben werde: Ich bin glücklich, entdeckt zu haben, daß ich bisexuell veranlagt bin!

Im Wechselbad der Lüste

Meine ersten Bi-Erfahrungen

Als ganz kleines Mädchen träumte ich davon, eine jüngere Schwester zu haben. Hierin unterschied ich mich von allen meinen Freundinnen: Die meisten anderen Mädchen wünschten sich einen größeren Bruder, einen, der sie beschützen, der sie, sollte es die Situation erfordern, bis aufs Blut verteidigen würde.

Ich aber stellte mir vor, ebendiese kleine Schwester zu beschützen, sie abends in den Armen zu halten, so wie ich es mit meiner Puppe tat, ihr Geschichten zu erzählen, sie an die Hand zu nehmen und durch die Welt zu führen, gewissermaßen für sie zu sorgen, Verantwortung zu übernehmen. Und ich stellte mir auch vor, sie zu streicheln, liebevoll zu ihr zu sein, zärtlich.

Die kleine Schwester bekam ich leider nicht. Aber ich fand eine jüngere Freundin, mit der ich zumindest einige meiner Wünsche und Vorstellungen verwirklichen konnte.

Später, in der Schulzeit, hatte ich durchweg jüngere Freundinnen, und die Rollenverteilung war stets die gleiche: Ich hatte den dominierenden, starken Part inne, meine Freundinnen zeichneten sich allesamt durch eine gewisse Scheu, durch Zurückhaltung und ein hohes Maß an Anlehnungsbedürfnis aus. Und es gefiel mir ungeheuer, sie mitzureißen, den Ton anzugeben, aber dabei immer verantwortlich schützend an ihrer Seite zu bleiben und sie, wenn Gefahr von außen drohte, wie eine Löwenmutter zu verteidigen.

Dies alles spielte sich zunächst noch fernab jeder bewußten Sexualität ab. Die Doktorspiele, auf die wir wie wohl fast alle Mädchen in diesem Alter verfielen, waren ebenso harmlos wie so mancher Versuch unter Freundinnen, uns in dem zu üben, was wir uns unter «Liebe machen» unter Erwachsenen vorstellten.

Auch wenn wir uns später mit neidischem Entzükken gegenseitig die eben sprießenden Brüste abtasteten und die ersten Schamhaare begrüßten, geschah dies noch in aller Unschuld. Das alles hatte so gut wie nichts mit erotischen Wünschen zu tun, aber sehr viel mit dem Wunsch, sich gegenseitig der weiblichen Gemeinsamkeiten zu versichern. Denn das alles beherrschende Grundgefühl in diesen Jahren war: Jungens sind doof!

Das änderte sich gewaltig, als die Pubertät einsetzte. Und das geschah bei mir recht früh. Mit Ehrfurcht bestaunten meine jüngeren Freundinnen aus der Ferne, wie gewandt und erwachsen ich mit dem anderen Geschlecht umging. Doch in Wahrheit wurde meine Identität ziemlich erschüttert.

Bei Jungen strebte ich schon recht bald das genaue Gegenteil dessen an, was ich in Mädchenfreundschaften gesucht und gefunden hatte. Mit einem Mal hatte sich die Rollenverteilung umgekehrt. Plötzlich wollte *ich* geführt und dominiert werden, schwach sein und mich anlehnen dürfen, Verantwortung ablehnen dürfen und mich beschützt fühlen können. Immer stärker entwickelte sich bei mir – zunächst unbewußt – das Bedürfnis, von einem älteren Jungen, einem Mann Härte und gleichzeitig Zärtlichkeit zu empfangen, den passiven, unterwürfigen Part zu übernehmen.

Sehr bald wurden meine Freundschaften mit anderen Mädchen zweitrangig. Und zunehmend waren sie geprägt durch weibliches Konkurrenzdenken, durch den Kampf um das gemeinsam begehrte Objekt: den Mann. Die Schwierigkeiten, den Mann meiner Träume zu finden, der mir die Strenge und zugleich die Fürsorge und Zärtlichkeit geben konnte, die ich brauchte, nahm mich bald so sehr gefangen, daß meine anderen Bedürfnisse völlig verblaßten.

In den folgenden Jahren lebte ich meine heterosexuell-masochistischen Neigungen immer konsequenter aus. Und je näher mein jeweiliger dominanter

Partner meinem Traummann kam, desto sicherer war ich mir, in der Liebe nichts, buchstäblich nichts zu vermissen. Und doch mußte ich verwundert feststellen, daß mich beispielsweise Fotos von nackten Frauenkörpern weitaus mehr erregten als die von Männern. Und so manches Mal stellte ich mir ganz im geheimen eine *ménage à trois* vor, nicht mit einem weiteren Mann etwa, sondern immer mit einer zweiten Frau.

Diese Frau sollte jünger sein als ich, kleiner, schutzbedürftig, zurückhaltend. Ich stellte mir vor, wie ich sie unendlich zärtlich und sehr, sehr langsam verführen würde. Der Gedanke, daß mir der andere Körper so vertraut ist wie mein eigener, daß ich als Frau um seine empfindsamsten Stellen weiß, erregte mich sehr.

Ganz wichtig war mir bei solchen erotischen Phantasien immer das Ambiente. Während mir beim Sex mit Männern eine gewisse Roheit und Nüchternheit gefiel und auch die Fünf-Minuten-Nummer zwischen Tür und Angel einen nicht unwesentlichen Reiz auf mich ausübte, staffierte ich meine erotischen Traumerlebnisse mit Frauen sehr sorgfältig und bewußt mit stimmungsvollen Details aus. Kerzenlicht – so kitschig das klingen mag –, leise Musik und seidene, möglichst pastellfarbene Kissen spielten dabei eine zentrale Rolle. Und das Vorspiel zum Vorspiel war beinahe das Wichtigste in dieser Phantasie. Sich gegenüberzusitzen in ebendieser erotisierenden Atmosphäre mit dem Wissen in den Gliedern, daß «es» geschehen würde – irgendwann, vielleicht bald, vielleicht sehr bald, vielleicht aber auch erst viel, viel später: Diese Vorstellung fand ich äußerst erregend. Ebenso wie mich die Gewißheit reizte, daß der üblicherweise von Männern auf Frauen ausgeübte Leidenschaftsdruck entfällt, wenn Frauen unter sich sind.

Meine bisexuellen Phantasien wurden immer konkreter. Es mußte himmlisch sein, die andere Frau erstmals zaghaft zu berühren, ihre Hand flüchtig zu streifen, ihr in die Augen zu blicken, sich von ihrem Duft betören zu lassen. Ich wollte sie ganz langsam ausziehen, sanft und mit Bedacht, ihr jedes Kleidungsstück einzeln abstreifen und jeden Zentimeter ihrer nackten Haut liebkosen, mit meinen Händen, mit meinem Mund. Ich wollte ihre Lust wecken, ihren Körper unter meinen Händen vibrieren spüren.

Vielleicht würden wir ja gemeinsam baden, und ich würde den Badeschaum auf ihren Brüsten und zwischen ihren Beinen verteilen und ihren nackten Leib später zärtlich einölen. Und dabei ganz nebenbei, beinahe zufällig, mich ihren erogenen Körperstellen immer mehr nähern. Irgendwann wollte ich dann ihre Brustwarzen mit den Lippen und der Zunge berühren und zärtlich daran saugen. Ich weiß ja selbst nur zu gut, wie sehr dies eine Frau erregen kann – auch wenn ich mit ihren Brustspitzen sehr viel sanfter umgehen wollte, als ich es für mich selbst mag. Und ich wollte immer wieder ablassen von ihren Brüsten, um mit meinen Lippen an ihren Hals zurückzukehren, ihre Ohrläppchen zu küssen oder

mit den Fingern die Konturen ihrer Lippen nachzu-
fahren.

Zwischen ihre Beine, in diese so vertrauten und
daher fast verbotenen Gefilde, wollte ich meinen
Kopf betten und über tausend Umwege mit meiner
Zunge ganz sachte zu ihrem Kitzler vordringen und
ihn mit sanftem Druck massieren. Das Mitempfin-
den ihrer steigenden Erregung – war sie meiner eigenen doch so verwandt – würde mich mitreißen, und
ihre Erlösung würde auch mich zum Höhepunkt
führen.

Immer häufiger reicherte ich diese Phantasie mit
einer dritten Person an: einem Mann. Er sollte erst
nach ausgiebigen Liebesspielen zwischen uns Frauen
in das Geschehen eingreifen. Er sollte ohne langes
Vorspiel meinen Körper nehmen, in harten Stößen in
mich eindringen, während ich den erhitzten Körper
der anderen weiterhin liebkoste. Mir gefiel auch die
Vorstellung, die beiden in wilder, ekstatischer Vereinigung zu erleben.

Das alles blieb über lange Jahre Phantasie. Es blieb
ein Gedankenspiel, das immer mal wieder auftauchte
und im Laufe der Zeit immer konkretere Züge an-
nahm. Doch als ich das erste wirkliche Erlebnis mit
einer Frau hatte, war alles anders – ganz, ganz anders...

Das Buch über Bisexualität war also beschlossene
Sache. Ich hatte erste Interviews geführt mit Frauen
und Männern, die sich selbst als bisexuell bezeichne-

ten. Ich hatte in diesen Gesprächen viel gehört über die Besonderheit der Erotik zwischen zwei Frauen, und meine Sinne waren geschärft.

Wenn ich eine Frau traf, fragte ich mich unwillkürlich, ob sie wohl auch bisexuell sei. Es handelte sich zunächst nur um eine rein journalistische Sensibilisierung für das Thema. Doch immer häufiger ertappte ich mich dabei, daß ich eine Frau, die mir gefiel, mit nicht nur beruflichem Interesse betrachtete. Daß ich mir ausmalte, wie es wohl wäre mit ihr. Daß ich mir überlegte: Ob sie, wenn sie in meinen Armen läge, wohl genauso verspielt und verschmust, so romantisch und zärtlich, so leidenschaftlich und ungehemmt wäre, wie es mir einige Bisexerfahrene Frauen beschrieben hatten?

An irgendeinem Abend – ich war allein unterwegs – betrat ich zu später Stunde eine Diskothek, die ich schon einige Male besucht hatte. Auf der Tanzfläche wiegten sich Männer wie Frauen im Takt der Musik. Das Licht war gedämpft und die Musik angenehm leise. Ich stellte mich an den Tresen, ließ meine Blicke schweifen, ganz ohne Ziel, einfach froh, allein und doch unter Menschen zu sein.

Es dauerte eine ganze Weile, bis ich bemerkte, daß irgend etwas anders war als sonst. Kein Mann, der mir einen Blick schenkte. Dafür einige Frauen, die mich auffallend ungeniert musterten. Leicht verunsichert fragte ich den Barkeeper, ob ich denn wohl in der richtigen Veranstaltung sei. Er wies grinsend auf ein verrutschtes Pappschild an der Eingangstür, das ich völlig übersehen hatte: «Schwulen- und Lesben-Fete». Darunter deutliche Zeichen: zwei Männer-symbole ineinander verschlungen und daneben die Frauensymbole. Wie hatte ich nur so blind sein kön-nen? Jetzt, da ich mich mit geschärftem Blick in dem Saal umsah, war alles ganz eindeutig. Die beiden Männer neben mir an der Theke, die sich während des Gesprächs verliebt in die Augen blickten. Das knutschende Frauenpaar in einer Ecke. Die engum-schlungenen Männerpärchen auf der Tanzfläche. Na wunderbar, dachte ich, ein Geschenk des Himmels, Fallstudien vor Ort.

Die kleine Blonde am Tisch gegenüber weckte mein ganz persönliches Interesse. So, genau so hatte die Frau in meinen Phantasien ausgesehen. Sinnlich und weich, mädchenhaft grazil und doch bis zur Vollkommenheit mit allen weiblichen Attributen ausgestattet.

Ich betrachtete sie mit unverhohlenem Interesse. Wenn ich einfach zu ihr hinginge, sie um einen Tanz bäte? Ihr Blick traf den meinen, aber viel zu schnell wandte sie sich wieder ab. Schwierig. Und wenn ich mich neben sie setzte, ein harmloses Geplauder be-ginnen würde? Doch das war so gar nicht mein Stil.

Meine Güte, ich war doch sonst nicht so ver-krampft im Umgang mit Menschen! Ich wollte sie kennenlernen, das spürte ich immer stärker. Und eigentlich wollte ich noch viel mehr: Jetzt war die Gelegenheit, meine jahrelang gehegten Wunsch-träume in die Tat umzusetzen. Doch wie sollte ich ihr näher kommen?

Auf einmal ging die Tür auf, und eine Schar in Leder gekleideter Frauen, die Köpfe fast kahlgeschoren, betrat den Raum. Festen Schrittes und mit herausforderndem Blick in die Runde drängten sie an die Bar, stellten sich dort breitbeinig auf und bestellten provozierend laut eine ganze Batterie von Bierflaschen. Mir war, als wollten sie in ihrer Aufmachung und ihrem Verhalten alles Weibliche in sich bis zur Unkenntlichkeit reduzieren.

Trotz ihres furchteinflößenden Auftritts war ich irgendwie fasziniert von diesen Frauen. Sie erinnerten mich an professionelle Dominas, und doch waren sie ganz anders. Nicht nur, weil so offenkundig war, daß ihr Interesse allein dem eigenen Geschlecht galt.

Und dann stand sie auf einmal vor mir. Nein, nicht die kleine Blonde, die ich im Geist schon auf mein Bett hatte niedersinken sehen – sondern ein mindestens einsachtzig großes Mannweib mit schwarzer Lederschirmmütze, kahlem Schädel und zynischem Grinsen.

«Ich hab' Bock, mit dir zu tanzen», sagte sie. Schon lag ihr Arm auf meiner Schulter, und sie drängte ihren schlanken, lederverhüllten Körper an mich. Ein vertrauter und doch aufregend fremder Geruch streifte meine Nase: Leder, Zigarettenrauch, ein herbes Parfüm.

Willig ließ ich mich auf die Tanzfläche ziehen. Sofort gab sie den Rhythmus unserer Tanzbewegungen an. Obwohl: Mit einem Tanz hatten die Bewegungen unserer aneinandergepreßten Körper nicht mehr viel gemeinsam. Ihre Hände, schmucklos, aber mit sehr langen Fingernägeln, streiften ungeniert über meine Brüste, und ehe ich mich's versah, küßte sie mich fordernd auf den Mund. Ansatzlos stieß sie ihre Zunge zwischen meinen Zähnen hindurch.

Mein Körper reagierte unwillkürlich. Ich ergab mich ihrer Entschlossenheit, ihren rücksichtslosen Händen, vergessen war das blonde Geschöpf, das ich so zärtlich hatte verführen wollen. Dieses Unterwerfung fordernde Gebaren, es war mir so vertraut, es weckte alle meine Sinne, peitschte meine Lust auf die altbekannte Weise hoch. Sie spürte es, preßte sich noch härter an mich und sagte: «Ich will dich, kommt mit!»

Wie in Trance folgte ich ihr die Treppe hinunter, durch die nächtlichen Straßen, vorbei an lauter Kneipen, erleuchteten Schaufenstern und lachenden Menschen. Sie sprach kein Wort mit mir.

Eine alte schwere Haustür. Ausgetretene Holzstufen bis in den dritten Stock. Eine quietschende Wohnungstür. Im Flur ein einziges Chaos. Diverse Lederklamotten lagen herum. An der Wand Plakate: Lesbenpower, militante feministische Sprüche.

Mit einem Mal hatte ich Angst, richtige Angst. Was hatte die Frau mit mir vor? Was hatte ich hier eigentlich verloren? Ich war neugierig auf die zärtliche Erotik zwischen Frauen gewesen – und nun dies hier! Würde ich jemals wieder heil herauskommen aus dieser Wohnung?

Doch für Bedenken war es schon zu spät. Sie zog mich in ihr Schlafzimmer und auf ihr Bett. Mein Widerstand reizte sie, das spürte ich, also machte ich weiter, wehrte mich gegen ihre Hände, die an meiner Hose zerrten. Mein T-Shirt und den BH hatte sie einfach nur hochgestreift, und ihre Fingernägel gruben sich hart in meine Brustwarzen. Feine Nadelstiche. Sie lachte, als ich laut aufstöhnte.

Dann zog sie sich aus, mit wenigen Bewegungen nur, geschmeidig und geschickt. Ihr Körper verblüffte mich: sehnig und knochig, kaum Brüste, das Schamhaar eigenwillig gestutzt. Sie schien viel mehr Mann als Frau zu sein.

Reglos wartete ich ab, was sie vorhatte. Ich fühlte mich selten so ausgeliefert. Sie legte sich neben mich auf den Rücken, spreizte ihre Beine weit und zog meinen Kopf an den Haaren zu ihrem Schoß. «Komm schon, Kleine, leck mich! Zeig mir, wie geschickt deine Zunge ist!»

Mein Herz hämmerte wie wild vor Aufregung und vor Angst. Einen Moment lang dachte ich an Flucht. Dann aber gab ich dem Druck ihrer Hand in meinem Nacken nach. Meine Zunge streifte zaghaft ihre Schamlippen. Ihre Scham verströmte einen herben, fremdartigen Duft. Da war nichts von jener Vertrautheit, von der ich so viele Male zuvor geträumt hatte.

«Fester!» befahl sie und drückte meinen Kopf tiefer zwischen ihre Beine. Ich gehorchte, vollführte wilde Zungenschläge an ihrem Kitzler. Ihr Unterkörper drängte sich wild meinem Mund entgegen.

Dann schob sie mich auf einmal von sich, griff unter das Bett und reichte mir einen Dildo. Er hatte eine furchterregende Größe. Sie stellte ihre Beine auf und spreizte sie so weit, wie sie konnte. «Komm, Kleine, fick mich!»

Meine Hand zitterte. Ungeschickt hantierte ich zwischen ihren Beinen, bevor ich schließlich den Eingang zu ihrer feuchten Grotte fand. Sie stöhnte auf vor Lust.

Ich bewegte den Dildo in rhythmischen Stößen, zuerst zaghaft, dann immer fester. Sichtlich genoß sie es.

Sie zupfte mit ihren Krallen unablässig an ihren eigenen Brustspitzen, stieß tierähnliche Laute aus, preßte die Beine zusammen, um sie dann wieder zu spreizen, hob ihr Becken und ließ es in kreisenden Bewegungen erneut sinken.

Es dauerte eine Ewigkeit, bis sie mit einem zufriedenen Lächeln meine Hand zur Seite schob und den Dildo mit einem schmatzenden Geräusch aus ihrer Vagina herauszog. Dann sagte sie: «Leg dich auf den Bauch!»

Ich war in keinster Weise erregt. Ich wollte eigentlich nur weg. Doch ich konnte mich ihrer Dominanz nicht entziehen. Willenlos kam ich ihrem Befehl nach und drehte mich auf den Bauch.

«Heb deinen Arsch an!» Ehe ich noch reagieren konnte, spürte ich schon, wie der Dildo Einlaß begehrte. «Nein, bitte nicht!» bettelte ich.

«Halt die Schnauze», antwortete sie und drückte meinen Kopf herunter.

Ich wand mich, versuchte diesem furchtbar großen Folterinstrument zu entkommen. Doch ich hatte keine Chance gegen ihre kräftigen Arme. Mit voller

Wucht stieß sie den Dildo wieder und wieder in mich hinein. Das Gefühl zu platzen, zu zerbersten. Die Stöße, jetzt in rasendem Tempo ausgeführt, nahmen mir den Atem. «Sag mir Bescheid, wenn's dir kommt», grunzte sie.

Merkte sie denn nicht, daß es nicht die Spur von sexueller Lust gab bei mir – nur Schmach und Schmerz und aufsteigende Tränen? Und aus der Not heraus tat ich dann das, was ich nie zuvor bei einem Mann getan hatte, weil ich es immer als zu demütigend empfunden hatte: Ich täuschte zum ersten Mal in meinem Leben einen Orgasmus vor. Ich keuchte, stöhnte, hob und senkte meinen Unterleib in scheinbar ekstatischen Bewegungen und sank schließlich seufzend zusammen.

Sie fiel darauf rein. Sie, eine Frau! Bitterkeit stieg in mir hoch, grenzenlose Enttäuschung und Ernüchterung. Weibliches Einfühlungsvermögen – daß ich nicht lache! Sie lag selbstzufrieden neben mir, rauchte eine Zigarette, beachtete mich nicht weiter.

«Ich geh' dann mal», sagte ich beiläufig.

«Bleib sauber, Honey», murmelte sie.

Draußen vor der Haustür sog ich gierig die kalte Nachtluft ein. Atmen! Ich hielt ein Taxi an, ließ mich nach Hause fahren, raste die Treppe hinauf zu meiner Wohnung, fiel auf mein Bett und weinte bitterlich. Scham und Ekel vor mir selbst überfielen mich. Ungläubiges Entsetzen über das Vorgefallene: So sah sie also wirklich aus, die Liebe zwischen Frauen! Voll Bitterkeit dachte ich an die Interviews, die ich geführt hatte; an die glückseligen Erinnerungen der befragten Frauen an wunderschöne Erlebnisse mit anderen Frauen. Von Sanftheit und Zärtlichkeit war da die Rede gewesen, von Nähe und Wärme, Vertrautheit und Einfühlung. Märchen, alles Märchen!

Am nächsten Tag war mein Kopf klarer. Ich hatte einfach alles falsch gemacht! Ich war in den alten gefährlichen Mechanismus verfallen, der mir bereits so viele heterosexuelle Reinfälle eingebracht hatte: Ein entschiedener Blick, ein bestimmtes Wort – und irgend etwas in mir reagierte wie ferngesteuert.

Ich brauchte noch einige Zeit, bis ich die Erinnerung an mein erstes sexuelles Erlebnis mit einer anderen Frau ertragen konnte. Doch allmählich lebte meine alte Bisex-Phantasie wieder auf: die Gewißheit, daß es schön sein müsse, in vertrauensvoller Hingabe und Zärtlichkeit mit einer Frau zusammenzusein. Irgendwann würde ich die Richtige finden, ganz bestimmt!

Eines Tages lese ich in der Kontaktspalte der Stadtzeitung eine Anzeige: «Bi-Freundin gesucht von Paar, Mitte Zwanzig. Alles kann, nichts muß.» Nicht eben originell. Doch die Beschreibung der Frau gefällt mir: «zurückhaltend, zierlich, unerfahren, aber neugierig.»

Einen halben Tag ringe ich mit mir selbst. Am Abend nehme ich meinen ganzen Mut zusammen und wähle die angegebene Nummer. Zu meiner Enttäuschung meldet sich eine Männerstimme, und ich lege einfach wieder auf.

Zwei Tage später versuche ich es noch einmal. Diesmal eine Frauenstimme.

«Ja ... äh ... ich ... äh ... ich rufe wegen der Anzeige an», stottere ich. Ich komme mir plötzlich ziemlich bescheuert vor.

«Oh, schön. Hallo!» Die weiche, helle Stimme nimmt mir augenblicklich meine Scheu. Die Worte sprudeln jetzt nur so aus mir heraus. Ich erzähle der anderen alles mögliche über mich und gestehe ihr gleich, daß auch ich noch recht unerfahren in Sachen Bisex bin.

Sie scheint spontan genauso angetan von mir wie ich von ihr. Wir verabreden uns für den übernächsten Tag bei ihr zu Hause. Kein Wort von ihrem Mann. Mir ist's nur recht.

Der Mann aber ist es, der die Tür öffnet, nachdem ich auf den nichtssagenden Klingelknopf eines nichtssagenden Mehrfamilienhauses gedrückt habe. Gekünsteltes Strahlemann-Lächeln, plumpe Vertraulichkeit, als er mich – schon in halber Umarmung – in die Wohnung zieht und dabei meine Figur neugierig taxiert.

Er führt mich in ein rustikal eingerichtetes Wohnzimmer. Ich atme auf: Wenigstens ist's nicht gleich das Schlafzimmer!

Auf der Couch sitzt *sie*. «Janine», stellt sie sich vor.

Ich sehe sie an und verliebe mich augenblicklich.

Doch dann diese gezwungen ungezwungene Atmosphäre am gläsernen runden Couchtisch. Wein und Chips. Sicher, nichts muß ... Aber warum denn nicht, und überhaupt... Wir leben doch in freien Zeiten, nicht wahr... Sinnloses Gerede von ihm.

Mir gegenüber, still, fast wortlos, Janine. Janine! Ihr kastanienfarbenes Haar fällt glatt und weich auf schmale Schultern. Sie trägt ein schlichtes beigefarbenes Baumwollkleid. Nichts Aufregendes. Ganz harmlos und unverfänglich, wenngleich sich ihre kleinen, spitzen Brüste deutlich unter dem dünnen Stoff abzeichnen.

Ich spüre das Kribbeln in meinem Bauch und kann nicht aufhören, sie anzuschauen. Sie allerdings sieht die meiste Zeit zu Boden, hebt nur dann und wann den Blick, um ihr Weinglas aufzunehmen und wieder abzustellen.

Das Gespräch verebbt. Hilfloses Suchen nach Worten. Ich fühle mich unbehaglich und beginne zu schwitzen. Was nun? Einer muß den Anfang machen, jetzt gleich, sonst ist die Situation rettungslos verfahren, schießt es mir durch den Kopf.

Eben will ich ansetzen und Janine fragen, ob sie sich nicht zu mir setzen wolle, als der Herr des Hauses die Initiative an sich reißt. «Nun, ihr zwei Hübschen, genug der Worte, laßt Taten folgen!» sagt er und grinst forsch.

Wenn er nur nicht wäre! Ich habe Mühe, meinen Unmut zu unterdrücken.

Janine allerdings erhebt sich prompt und lächelt mir zu. Ich schmelze dahin, folge den beiden ins Schlafzimmer und bin angenehm überrascht. Kerzenlicht, seidene Decken auf einem riesengroßen Bett, unzählige Kissen. Und, nachdem Janine einen

Knopf neben der Tür betätigt hat, sanfte Klavier-klänge aus verborgenen Lautsprecherboxen.

Heiner – inzwischen weiß ich seinen Namen – geht zu einem spiegelverglasten Schränkchen, holt eine Flasche Champagner und drei langstielige Gläser heraus. Wir stoßen an. «Auf die Liebe!» Wenn er nur seinen Mund halten würde!

Dann sitzen wir auf dem Bett. Ich in der Mitte, rechts von mir Janine. Ich bin verzaubert von ihrem blumig-zarten Duft, bin hingerissen vom Anblick der zart pochenden Ader an ihrem schneeweißen Hals und drücke einfach einen sanften Kuß darauf. Lächelnd wendet sie mir ihr Gesicht zu. Als sei es ganz selbstverständlich, beginnen wir uns zu küssen. Ich streiche ihr übers Haar dabei, stundenlang könnte ich so weitermachen!

Wenn nur Heiner nicht wäre! Er hat nicht vor, sich mit Zuschauen zu begnügen. In Windeseile kniet er vor mir nieder und beginnt mit viel zu hastigen Be-wegungen, meine Bluse aufzuknöpfen.

Ich fühle mich in meinen Empfindungen total ge-stört, mache aber gute Miene zum bösen Spiel. Ich will diese Frau, also muß ich ihren Mann wohl in Kauf nehmen. Zumindest heute, beim ersten Mal. *Nur* heute, beschließe ich entschieden, während er meinen BH öffnet und meine Brüste zu massieren beginnt.

Ich knabbere an Janines Ohrläppchen. Sie kichert, und ich liebe sie dafür. Sie nimmt einen Schluck aus dem Champagnerglas, und gleich darauf spüre ich das Prickeln dieses Schluckes auf meiner eigenen Zunge. Ich küsse ihren Hals, bedecke ihre Haut bis zum Ausschnitt hinunter mit Küssen, lasse meine Hände wie zufällig die Konturen ihrer Brüste nachfahren.

Wir könnten uns alle Zeit der Welt lassen; unsere Zärtlichkeit würde für Ewigkeiten reichen. Aber Heiner will zur Sache kommen. Mit einem Mal steht er nackt vor uns, mit aufgerichtetem Glied.

Nur mühsam kann ich meine Gereiztheit unterdrücken. Er zerstört alles. Viel zu abrupt zieht er mich neben sich aufs Bett, führt meine Hand zu seinem Glied, stöhnt gierig auf. Halbherzig beginne ich ihn zu streicheln, während mein Blick nur Janine gilt. Mit der freien Hand fahre ich an ihren Knien empor zum Saum ihres Kleides, schiebe ihn sanft nach oben...

Wir erleben miteinander eine wilde, eine aufregende Nacht. Zum ersten Mal beginne ich zu erahnen, was die Liebe zu dritt für viele Menschen so erregend macht. Ich verspüre den Reiz des Neuen und den Reiz des Gegensätzlichen.

Trotz aller sexuellen Lust an diesem Spiel: Ich merke, daß ich nicht unverkrampft bin, mich nicht treiben lassen kann. Heiner gibt mir kaum Gelegenheit, mich auf Janines Körper zu konzentrieren, und er gibt ihr wiederum kaum Gelegenheit, sich auf meine Zärtlichkeit einzulassen. Ich möchte ihr so gern auf vielfältige Weise meine Gefühle für sie und meine Lust auf sie zeigen, doch Heiner steht irgendwie immer zwischen uns. Er und seine sexuellen Bedürfnisse geben den Ton an.

Danach liegen wir auf dem Bett, ermattet und müde. Unsere Leiber sind ein einziges Knäuel – mein Bein zwischen Janines Schenkeln, Heiners Kopf auf meiner Brust, Janines Hand auf meinem Bauch. Ein Moment freundschaftlichen Zusammenseins dreier Menschen, die eine Ausnahmesituation intensiv genossen haben.

Dann der Augenblick des Abschieds. Janine und Heiner bringen mich gemeinsam zur Tür. Ein ausgiebiger Zungenkuß von ihm, nur ein flüchtiger von ihr. Ich sehe ihr so lange in die rehbraunen Augen, wie sie es zuläßt. Ich möchte ihr noch so viel sagen und bringe doch nur ein rauhes «Na, dann tschüs» zustande.

Zu Hause bleibe ich den Rest der Nacht wach auf dem Bett liegen, verwirrt, verliebt und ein bißchen traurig, weil ich jetzt lieber nicht allein wäre und weil mich die Vorstellung quält, daß Heiner und Janine in vertrauter zärtlicher Umarmung nebeneinander im Bett liegen.

Der Dreier – für mich nur von begrenztem Reiz, das weiß ich bereits nach diesem ersten Mal. Ich kann mich nicht auf zwei Menschen gleichzeitig konzentrieren. Ich setze mich selbst unter Druck, dafür zu sorgen, daß niemand zu kurz kommt – und darüber geht die Spontaneität verloren. Und gänzlich verkrampft wird es eben, wenn einer der drei – Männern dürfte das viel häufiger als Frauen passieren – nur seine eigenen sexuellen Bedürfnisse im Auge hat.

Trotz der Desillusionierung in bezug auf Sex zu dritt weiß ich nach dem Abend mit Janine und Heiner bestimmter denn je: Ich möchte Sex mit einer Frau, mit der richtigen Frau, ganz bestimmt und ganz bald.

Zwei Tage brauche ich, um mich zwischen Brief und Telefonat zu entscheiden. Dann wähle ich Janines Nummer. Sie ist sofort dran – Gott sei Dank –, und ihre Stimme klingt erfreut, als sie mich hört.

«Ich habe viel an dich gedacht», sage ich. Mit klopfendem Herzen warte ich auf ihre Reaktion.

«Ich auch an dich.»

Aufatmen. «Ich würde dich gern wiedersehen. Dich allein.»

Schweigen. Sag doch was!

«Okay», entgegnet sie schließlich.

«Wann? Morgen?» Jetzt, da ich weiß, daß sie es auch möchte, kann ich es kaum noch erwarten, sie wiederzusehen.

«Okay, morgen.»

«Wo? Bei mir?»

Ein drittes «Okay».

Daraufhin drehe ich völlig durch, fertige eine Liste mit den Dingen an, die ich unbedingt besorgen muß, bevor sie am nächsten Tag kommt. Wein, Kerzen, neuer Badeschaum, eine Platte von Branduardi – oder doch lieber von Cohen? Allein die Suche nach einem süßen Seidenslip kostet mich eine Stunde. Außerdem muß die Wohnung aufgeräumt werden. Und was zu essen muß her, du lieber Himmel! Keine Zeit zu verlieren – nur noch 28 Stunden!

Meine Sinne spielen verrückt. Tagträume zwischen Einkaufsregalen. Ihr Körper, ihr Duft, das Zittern ihrer Brüste – und das alles nur für mich, ohne Zeitdruck und vor allem ohne Heiner.

Kritischer Blick in den Spiegel. Eigentlich bin ich viel zu fett – wenigstens im Vergleich zu ihrer Grazie. Aber was soll's – ich habe keine Zeit für lange Zweifel. Ich will es doch!

Janine kommt zehn Minuten zu spät. Zehn Minuten, in denen meine Nerven auf Grundeis liegen, ich hysterisch zwischen Fenster, Tür und Telefon hin und her eile, dazwischen immer wieder Blicke in den Spiegel werfe.

All das erinnert mich an Teenagerzeiten, an die ersten Male, da ich verliebt war. Und doch ist alles ganz anders. Es herrscht der Gedanke vor: Ja nichts tun, was sie erschrecken könnte, alles tun, was ihr gefallen wird. Ich fühle mich verantwortlich für das Geschehen, und ich empfinde es als schön, ihr etwas zu bieten.

Dann endlich der erlösende Klingelton. Als sie die Tür hinter sich geschlossen hat, muß ich sie einfach in die Arme nehmen. Ich bin ganz betäubt von ihrem Duft, flüstere ihr sinnloses Zeug ins Ohr. Sie läßt es sich gefallen, kommt mir entgegen. Ich bin unendlich glücklich, daß sie da ist!

Sie sieht sich alles genau an: die Wohnungseinrichtung, den gedeckten Tisch – und mich. Sie lächelt. «Branduardi», sagt sie dann, «wie schön!»

Das Eis ist gebrochen, wie weggeblasen ist die kleine Fremdheit, die noch zwischen uns stand.

Wenig später sitzen wir zusammen in der Badewanne, in meterhohem Schaum: ein Kindheitstraum von uns beiden. Wir trinken, lachen, erzählen. Ich bin berauscht, verliebt, aufgeregt und fühle mich so wohl wie nie zuvor mit einem Menschen, den ich begehrte. Kein Druck, kein Zwang. Wir albern herum, setzen uns Schaumkronen auf den Kopf und auf unsere Brüste, tauchen uns gegenseitig unter, tauschen erste Streicheleinheiten aus.

Beim Essen füttern wir uns gegenseitig wie Kleinkinder, verschmieren uns dabei die Gesichter und landen wieder in der Wanne. Danach ölen wir uns ein, zärtlich und doch mit viel Spaß und Gelächter. Vor ihr kniend, streichle ich sorgsam jeden Zentimeter ihrer Haut mit meinen öligen Fingern.

Wir sehen uns dabei unverwandt in die Augen. Das finde ich bemerkenswert. Mit Männern gab es ihn nie, diesen ununterbrochenen Blickkontakt. Und auch dieses Zeigen, ob und wie einem die Berührung des anderen gefällt. Sich öffnen, sich verstehen, sich vertrauen.

Später liegen wir inmitten vieler kleiner Kissen auf dem Boden, sind ein wenig betrunken und singen alle alten Kinderlieder, die uns einfallen. Unsere Nacktheit empfinden wir als natürlich. Da gibt es kein Schamgefühl, auch nicht das Bestreben, so verführerisch und vorteilhaft wie eben möglich auszusehen, und dennoch – oder gerade deshalb – steigt die Lust in mir ins Unermeßliche.

Sie greift zu der nur noch halbvollen Glasschale mit Mousse au chocolat auf dem Tisch und streicht meine Brüste damit ein, schleckt dann mit kreisender Zunge das süße Zeug langsam und genüßlich ab. Ich tue es ihr nach. Spielerisch nähern wir uns den empfindlichen Stellen unserer Körper, erzählen uns zwischendurch immer wieder Albernheiten oder auch Wichtiges aus unserem Leben, lachen viel, halten plötzlich inne und sehen uns lange in die Augen.

Irgendwann streichle ich sie – ewig, wie es mir erscheint, und ich möchte auch gar nicht mehr aufhören. Sie genießt es, und ich denke, daß kein Mann jemals dieses ausgiebige und so wenig zielgerichtete Streicheln ertragen würde. Ich bin selig. Ich spüre, wie ihr Körper meinen Händen entgegendrängt, wie ihre Erregung steigt und meine eigene anstachelt.

Wir sind wie im Rausch. Unsere Münder treffen sich zu unendlich langen Zungenküssen, unsere Hände bahnen sich den Weg zum Lustzentrum der anderen. Ich lasse mich ebenso fallen wie sie sich, küsse ihre Ohren, ihre Nase, ihre Augen, fahre mit dem Finger die Konturen ihrer Lippen nach, sauge an ihren Brustwarzen. Ihr Höhepunkt kommt in einer langen Welle, ihr Becken hebt und senkt sich in weichem Rhythmus. Und wenig später habe auch ich einen Orgasmus.

Danach gibt es kein Zur-Tagesordnung-Übergehen, kein Sich-zur-Seite-Drehen, kein dummes «War's schön?» oder «Schön war's». Wir streicheln uns weiter. Alles ist fließend. Und ich wünsche mir, daß die Zeit stehenbleibt oder, wenn das schon nicht möglich ist, daß es für immer so weitergehen wird.

Doch wieder stört Heiner, der Mann. Weil sie

gegen Morgen aufbrechen muß, um zu ihm zurückzukehren. Ich registriere verblüfft, daß ich eifersüchtig bin. Ich möchte sie am liebsten hierbehalten, lächle dann aber tapfer beim Abschied, der eine halbe Ewigkeit dauert.

Als Janine gegangen ist, lege ich mich wieder auf die Kissen am Boden, auf der Suche nach dem Abdruck ihres Körpers, dem Duft ihrer Haut. Selbstvergessen trinke ich aus ihrem Glas und werde mir bewußt, daß ich richtiggehend verliebt bin.

Ich bin verliebt in eine Frau. Ich liebe sie. Ich begehre sie. Janine.

Ich schicke ihr Rosen und schreibe unbeholfene Liebesgedichte. In der U-Bahn sitzend, träume ich von ihren Lippen, dem Duft ihres Körpers, dem Geschmack der Mousse au chocolat zwischen ihren Beinen.

Männer interessieren mich nicht in dieser Zeit. Diese Liebe habe ich gesucht, seit ewigen Zeiten schon. Viel zu lange hatte ich es verdrängt, dieses Verlangen nach der Zärtlichkeit einer Frau, diesen Wunsch, sich vertrauensvoll hingeben zu können, voller Verständnis füreinander, für die Lust der anderen.

Janine macht sich Sorgen. Nicht unseretwegen, nicht ihrer Gefühle wegen, die sich – wie sie mir beteuert – mit den meinen decken. Nein, sie sorgt sich um ihre Ehe. Heiner ist ihr fremd geworden seit unserem wunderschönen Abend, sagt sie, und ihm bleibt das natürlich nicht verborgen.

Unser nächstes Treffen findet mittags statt. Wir haben uns heimlich im Stadtpark verabredet. Ihr Mann darf nichts davon wissen. Wir sitzen eng umschlungen im Gras, küssen uns, spielen zwischendurch Frisbee, holen uns ein Eis, schmusen unter einer Trauerweide. Zu mehr kommt es nicht bei unserem zweiten Treffen zu zweit. Ich zögere den Abschied Minute um Minute hinaus. Ich habe Angst, daß sie mich nicht wiedersehen will, sage es ihr aber nicht.

Später sitze ich in einem Café und betrachte die Hetero-Pärchen an den Nachbartischen. Ich verspüre keinen Neid. Ich will nur Janine. Ich bin lesbisch, denke ich auf einmal, wahrscheinlich schon mein ganzes Leben lang, und habe es nur nie zugelassen.

Einem plötzlichen Impuls folgend, gehe ich in den Frauenbuchladen bei mir um die Ecke. Ich möchte unter Gleichgesinnten sein. Ich lasse mir eine Lesbenzeitschrift einpacken und eine Anthologie mit provokativen Erfahrungsberichten lesbischer Frauen. Und bevor ich den Laden verlasse, stecke ich demonstrativ den Sticker mit den beiden verschlungenen Frauenzeichen an den Kragen meiner Jacke. Seht alle her: Ich bin lesbisch! Und das voll Stolz!

Zwei Abende später gehen Janine und ich tanzen. Ein Open-air-Konzert im Stadtpark. African Soul und Reggae. Wir tanzen barfuß zu den rhythmischen Trommelschlägen der Bongos, unsere verschwitzten Leiber umklammern sich.

Diesmal habe ich wilde Lust auf sie, will sie haben, sie nackt neben mir spüren. Ich sage ihr, daß ich sie mit nach Hause nehmen möchte, doch sie ziert sich. Mit einem Mal kann ich die Ungeduld des erregten Mannes nachvollziehen, die ich bislang so sehr verachtet habe. Ich habe das Gefühl, keine Minute länger warten zu können, nehme sie bei der Hand und ziehe sie einfach gegen ihren leisen Widerstand mit.

Kaum zu Hause, entkleide ich sie und führe sie ins Schlafzimmer. Ich will in sie dringen, ihr so nah wie möglich sein. Zärtlichkeiten spielen auch diesmal die Hauptrolle, gewiß, aber ich bin viel ungeduldiger, zielstrebiger als beim letzten Mal. Ich drücke ihre Beine auseinander und führe den Dildo, den ich extra für sie kaufte, bei ihr ein. Sie stöhnt auf, und wir küssen uns leidenschaftlich, während ich in immer kräftigeren Stößen in sie eindringe.

Diesmal kommt ihr Orgasmus nicht in einer weichen Welle, sondern in unkontrollierten Zuckungen und mit spitzen Schreien.

Wie selbstverständlich kümmert sie sich danach um meine Befriedigung. Wenig später liegen wir ermattet und verschwitzt nebeneinander.

«Ich will, daß du hierbleibst», sage ich. Ich kann den Gedanken nicht ertragen, daß sie jetzt gleich weggehen wird – zu Heiner, ihrem Mann.

«Ich möchte auch nicht gehen», erwidert sie.

Wir streicheln uns sanft in den Schlaf.

Am Morgen weckt mich Kaffeeduft. Sie empfängt mich lächelnd am gedeckten Frühstückstisch, und ich bin absolut glücklich, daß sie da ist.

«Ich werde mit Heiner reden», sagt sie beim Abschied.

«Ruf mich an, heute noch», bitte ich sie, und sie nickt.

Den Tag über habe ich Angst um sie. Auch ein neues Gefühl. Sie ist so schwach und verletzbar. Wer weiß, was dieser rohe Typ mit ihr machen wird? Ich bin nervös, wähle mehrmals die Nummer, lege aber wieder auf, bevor jemand abnimmt. Sie wird es schon schaffen!

Ich träume von einem Leben zu zweit, von einem Leben mit ihr. Es wäre wundervoll, sie immer in meiner Nähe zu haben. Es wäre viel leichter, unbeschwerter und sexuell mindestens genauso lustvoll, wie mit einem Mann zu leben.

O Janine! Ich habe wirklich Angst um sie. Ungeduldig warte ich auf ihren Anruf. Das Telefon läutet zweimal, aber immer ist jemand anderes dran. «Geh aus der Leitung!» flehe ich und ernte Unverständnis.

Es läutet an der Tür. Janine! Zwei große Reisetaschen. Tapferes Lächeln unter dunklen Augenringen.

«Er sagte: ‹Dann verschwinde – aber sofort und für immer.› Hier bin ich also.»

Wir feiern ihren Einzug bei mir mit einem langen, wilden Fest.

Zwei Monate später. Das Leben, der Alltag mit einer Frau ist herrlich. Unbeschwerter als jedes Leben mit einem Mann. Wir verbringen ganze Abende bei Kerzenlicht und Leonard Cohen kuschelnd auf dem Boden, flippen andere Nächte durch die Diskos der Stadt, zaubern an wieder anderen Abenden in der Küche undefinierbare Phantasiegerichte.

Unsere körperliche Lust aufeinander findet überall und immer ihren Ausdruck, es gibt keine Trennung zwischen Alltags- und Sexualleben. Wir nehmen uns in jeder Situation sehr bewußt wahr, gehen sehr achtsam miteinander um, und trotzdem fühle ich mich freier denn je. Man braucht sich nicht zu schämen, nackt in der Wohnung umherzulaufen. Und erst recht nicht, die monatliche Unpäßlichkeit zuzugeben – das Mitgefühl der anderen ist selbstverständlich.

Manchmal weint Janine. Weil sie Schuldgefühle Heiner gegenüber hat. Dann aber siegt ihr trotziger Selbstbehauptungswillen: «Es ist *mein* Leben. Und ich will es mit dir teilen.»

Meine Angst, sie zu verlieren, wird immer geringer. Es gibt auch nicht jene Eifersucht, die ich von Beziehungen mit Männern viel zu gut kenne. Mag sein, daß das daran liegt, daß es für Janine und mich die erste gleichgeschlechtliche Partnerschaft unseres Lebens ist. So harmonisch und problemlos läuft es nicht immer zwischen zwei Frauen ab, wie ich inzwischen oftmals gehört habe.

Eines Tages flattert Janine ein Brief von Heiner ins Haus. Er räumt ihr großzügig Zeit ein, ihre aktuellen «Spinnereien» auszuleben.

So sieht er das also! Mich regt der Brief auf. Doch Janine zeigt sich gerührt von Heiners Anhänglichkeit. Wir haben unseren ersten Streit, werfen uns Nichtigkeiten vor, versöhnen uns aber sehr bald zärtlich und fühlen einander näher denn je.

Etwa drei Monate, nachdem Janine bei mir eingezogen ist, macht sich eine seltsame Unruhe in mir breit. Ich schäme mich dieser Unruhe, der diffusen Unzufriedenheit, die immer drängender in mir aufsteigt, will sie zuerst nicht wahrhaben – und kann mich ihr doch immer weniger entziehen.

Es ist wundervoll, mit einer Frau zusammenzuleben: die Vertrautheit, die sanfte Erotik, das Verständnis füreinander. Und doch versetzt mich der Gedanke, daß mein Leben für alle Zeit so weiterverlaufen wird, in eine leichte Panik. Irgend etwas fehlt mir. Irgend etwas begehrt in mir dagegen auf, daß mein Liebesleben für immer so aussehen soll wie gegenwärtig. Trotz aller schönen Seiten meiner Beziehung zu Janine: Irgend etwas fehlt!

Wäre diese bohrende Unruhe nicht gewesen, so hätte ich die Einladung zum Abendessen vielleicht nicht angenommen, die ich eines Tages von einem Journalistenkollegen erhielt.

Sie kommt überraschend, diese Einladung. Ich habe den Mann nur mal flüchtig am Rande einer Veranstaltung kennengelernt. Dennoch sage ich zu. Es ist meine erste private Verabredung mit einem Mann, seitdem ich mich in Janine verliebt habe.

Jürgen holt mich von zu Hause ab. Janine steht traurig am Fenster, winkt verstohlen.

Mein schlechtes Gewissen verdirbt die erste halbe Stunde. Ich höre Jürgen nicht zu, bin gar nicht richtig anwesend. Das Essen, der Wein schmecken fade.

Doch im Laufe des Essens taue ich immer mehr

auf. Und mein Gegenüber gefällt mir zusehends besser. Seine Erzählungen nehmen mich gefangen. Vor allem jedoch zieht mich sein Äußeres an: die buschigen Augenbrauen, die markante Nase, die sinnlich schmalen Lippen, die spitzen Zähne – wie bei einem Wolf, denke ich –, die Bartstoppeln, die kräftigen Hände. Mein Herz klopft, meine erotischen Begierden laufen auf Hochtouren.

Wir flirten immer heftiger. Beim Verlassen des Restaurants ein Handkuß von ihm. Ich will mehr. Später der erste Kuß, von ihm erzwungen und von mir provoziert. Er läßt die Erinnerungen an Janine verblassen. Der fremde Duft nimmt mir jeden Zweifel: Mann – wie hast du mir gefehlt!

Er überwindet meinen vorgetäuschten Widerstand, erbeutet an jeder Straßenecke Küsse, und irgendwann liegen wir vor meiner Lieblingskneipe auf einer Kühlerhaube. Die alte Rollenverteilung ist augenblicklich wiederhergestellt. Er bestimmt das Geschehen, ich reagiere nur, bleibe staunend passiv, folge seinen Anweisungen.

Nichts zieht mich in diesem Moment nach Hause, auch Janine lockt mich nicht. Dennoch folge ich Jürgens Einladung in seine Wohnung nicht. Eine Entscheidung, die nicht moralischen Skrupeln entspringt, sondern der alten Spielregel folgt: Bleib auf Distanz, nur so bleibst du interessant.

Zu Hause wartet Janine, kommt völlig aufgelöst auf mich zugestürzt, erzählt stockend von einem schlimmen Telefonat mit Heiner und von ihren Schuldgefühlen. Ich streiche ihr übers Haar, führe sie zum Bett, nehme sie in die Arme, beruhige sie und bringe sie zum Einschlafen.

In mir aber tobt ein Sturm. Was, zum Teufel, will ich denn nun eigentlich: Mann oder Frau?

Stundenlang wälze ich mich schlaflos im Bett herum, bevor ich die Antwort weiß: Ich will beides!

Ich erwache am nächsten Morgen mit dem Gedanken, mit dem ich in der Nacht eingeschlafen war: Ich brauche Mann und Frau. Nur so kann ich beide Bedürfnisse ausleben: passiv und aktiv sein.

Die Lösung ist geradezu lächerlich einfach. Wieso soll ich eine Entscheidung fällen? Sie ist überflüssig. Wieso soll ich mir selbst Beschränkungen auferlegen, wo doch die komplexe Erfüllung meiner Bedürfnisse möglich ist? Erregung überkommt mich bei dem Gedanken, wie wunderbar und erfüllend das Leben und die Liebe mit beiden Geschlechtern sein könnte ...

«Janine», beginne ich, kaum daß sie erwacht ist, «Janine, hast du nicht auch Lust auf einen Mann, auf Heiner?»

Sie blickt verstört, setzt zum Widerspruch an, wohl schon, weil sie sich moralisch dazu verpflichtet sieht.

«Weißt du», fahre ich fort, «ich möchte unsere Liebe nicht missen, aber ich will auch wieder die Liebe mit einem Mann erleben.»

Sie schluckt tapfer, greift zur Zigarette, inhaliert tief, schweigt, runzelt die Stirn, schüttelt den Kopf, blickt mich an. «Aber wie soll das denn in der Praxis aussehen? Willst du mit mir leben – und dann und wann einen Mann als Zugabe? Oder umgekehrt? Oder wollen wir eine Riesen-Bi-WG aufmachen?»

Der letzte Vorschlag gefällt mir gar nicht schlecht. Aber na ja, wir sollten realistisch bleiben. «Ich weiß es auch nicht», räume ich ein. «Aber irgendeinen Weg werden wir schon finden.»

Sie nickt gedankenverloren. Dann kommt's. «Ich möchte zu Heiner gehen. Für eine Nacht.»

Es tut weh. Einen Moment lang. Dann denke ich an Jürgen und sage: «Gut.»

Danach lieben wir uns mit einer Leidenschaft wie selten zuvor.

Die Monate mit Janine liegen inzwischen rund ein Jahr hinter mir. Es war eine schöne, eine aufregende, eine wirre Zeit – eine Zeit der sexuellen Selbstfindung.

Ich weiß heute, daß ich – wie wohl die meisten Frauen – bisexuell veranlagt bin, daß ich aber meine Bisexualität nicht unbedingt ausleben muß, um ein glückliches Leben führen zu können. Der aktive, der gebende Teil in mir kann, so habe ich mittlerweile gelernt, auch bei einem Mann zu seinem Recht kommen. Viel stärker jedoch ist der passive Teil in mir, der Wunsch, mich einem dominanten Mann zu unterwerfen – *meinem* Mann, der ganz großen Liebe meines Lebens. Jürgen und ich haben nach einem guten Monat geheiratet. Und der Sex mit ihm ist der beste, den ich je erlebt hatte.

Janine ist heute meine beste Freundin und Vertraute. Die Zeit des Zusammenlebens mit ihr möchte ich um nichts in der Welt missen. Nicht nur, weil es eine schöne Zeit war, sondern auch, weil sie mein Sexleben positiv verändert hat. Durch das Erleben der gleichgeschlechtlichen Liebe bin ich mir meiner komplexen Wünsche und Bedürfnisse erst richtig bewußt geworden. Ich habe durch Janine meinen Körper besser kennengelernt, habe meine Weiblichkeit weiterentwickelt und gelernt, sie wichtig zu nehmen. Durch sie bin ich auch sicherer in meiner sexuellen Experimentierfreude und ungezwungener im Ausleben meiner erotischen Spontaneität geworden. All dies beeinflußt heute auch mein Sexualleben mit Jürgen.

Ich habe das Glück, einen Mann gefunden zu haben, der gleichsam das, was meist nur Männer geben können, und das, was meist nur Frauen geben können, in sich vereint. Es ist ein Glück – in jedem Sinne des Wortes.

Wäre dies nicht so, ich glaube, ich würde früher oder später wieder nach einem Weg suchen, meine bisexuellen Wünsche zu realisieren. Denn ich möchte auf keine der beiden Seiten verzichten: weder auf die Wildheit, Härte, die auf den eigentlichen Geschlechtsakt reduzierte Leidenschaft des Mannes, noch auf die hingebungsvolle Zärtlichkeit und spielerische Unbefangenheit, die meistens nur die Sexualität zwischen Frauen prägt.

Im Gegenstrom

Bisexualität gestern, heute und morgen

Ausgrenzung

Die Angst der Heteros
vor den Bisexuellen

Oscar Wilde war bisexuell. Neben zahlreichen Liebhabern hatte er Frau und Kinder. Auch Laurence Olivier, Cary Grant und Vita Sackville-West wurden Affären mit beiden Geschlechtern nachgesagt. Die Dichterin Sappho, die auf der Insel Lesbos Schönheit und Liebreiz ihrer Geschlechtsgenossinnen besang und etliche von ihnen in die (lesbische) Liebe einführte, war ebenfalls bisexuell. Jedenfalls hatte sie einen Mann und eine Tochter. Donatien Alphonse François Marquis de Sade war möglicherweise gar nicht adlig, auf jeden Fall aber sexuell beiden Geschlechtern zugeneigt. Der Libertin, dessen gewagte Weltanschauung Frankreich vor 250 Jahren schockte, war auf Analsex fixiert, der damals, als Sodomie bezeichnet, unter Todesstrafe stand. De Sade konnte bereits auf etliche große Vorbilder zurückblicken – Leonardo da Vinci etwa oder Michelangelo.

Die Liste historischer Figuren, die bekanntermaßen bisexuell waren, ließe sich schier endlos fortsetzen. An eine Liste heutiger Prominenter indes, die bisexuell sind, wage ich nicht einmal zu denken. Denn kaum einer von denen, die's vermutlich sind, würde diese «Schmach» auf sich sitzenlassen. In einer Zeit, da sexuelle Tabus so weit aufgebrochen sind, daß Homosexuelle hemmungslos geoutet werden, so sie es nicht selbst tun, mutet das merkwürdig an.

Der Lesbianismus, nie von Staats wegen unter Strafe gestellt, weil von den Herren ohnehin nicht ernstgenommen, und später von der Feminismusbewegung geradezu gefordert, hat nicht allzu viele prominente Protagonistinnen in unserem Land, ist jedoch durch überwiegend positive Darstellung in den Medien in letzter Zeit salonfähig geworden. Dasselbe gilt für die männliche Homosexualität, die inzwischen ebenfalls straffrei ist, sofern die Beteiligten das 16. Lebensjahr vollendet haben. Schwule sind in Fernseh-Talkshows ebenso gern gesehene Gäste wie beispielsweise Frauen, die – wie ich – öffentlich zu ihren masochistischen Neigungen stehen. Sex in seinen diversen Varianten ist das Medienthema Nummer eins. Es scheint keine Tabus mehr zu geben.

Und doch sieht es so aus, als sei Bisexualität – so wie Inzest, generell Sex mit Kindern oder Sodomie – etwas, das man lieber verschweigt. In den einschlägigen Kontaktmagazinen sind entsprechende Anzeigen in die Rubrik «Vermischtes» verbannt. Die Bisexuellen leben heute im Schatten.

Die Heterosexuellen, die ihre Bastion, die Ehe, derzeit vehement gegen aufmüpfige Lesben und Schwule verteidigen müssen, haben offenbar Angst vor den Bisexuellen. Ich sehe hierfür im wesentlichen zwei Ursachen.

Die erste ist Aids. «In der Vor-Aids-Zeit war der Begriff Bisexualität recht ungebräuchlich», sagt die Anthropologin Carmen Dora Guimarães aus Rio de Janeiro. «Doch mit der Ausbreitung der Krankheit kam der Versuch, dieses geheimnisvolle Phänomen zu ergründen.»

Und zwar deshalb, weil man schon bald die Bisexuellen als die Schuldigen für das Überschwappen von Aids aus der Schwulenszene auf die heterosexuelle Bevölkerung ausgemacht zu haben glaubte. «Aids hat Bisexualität zu einer medizinischen Angelegenheit gemacht», konstatierte das amerikanische Magazin «TIME» im August 1992.

Die Bisexuellen tragen das Stigma, dafür verantwortlich zu sein, daß Aids bisher nicht eingedämmt werden konnte. Solange es nur die Fixer und die Schwulen zu treffen schien, hatte Otto Normalbürger keinen Anlaß zur Beunruhigung; «die» haben es sowieso nicht besser verdient, sagte er sich. Doch seitdem er gelernt hat, daß die Bisexuellen das Bindeglied zwischen den Randgruppen und ihm selbst sind, hat er Angst bekommen. Woher weiß er, daß die gutaussehende Arbeitskollegin, auf die er es schon lange abgesehen hat, nicht einen Liebhaber hatte, der gelegentlich auch mal mit einem Mann ins Bett gegangen ist...?

Der zweite Grund für die Angst der Heteros vor den Bisexuellen ist vielleicht weniger evident – aber er scheint mir nichtsdestotrotz sehr wichtig.

Schon Sigmund Freud hatte gemutmaßt, im Grunde unserer Seele seien wir alle, zumindest in einer bestimmten Entwicklungsphase, bisexuell. Eine gewagte Hypothese, inzwischen vielfach widerlegt – doch sie wurde von vielen Wissenschaftlern zur Grundlage ihrer Forschung gemacht. Eine These, die viele von uns noch im Hinterkopf haben, wenn sie über das Phänomen Bisexualität nachdenken – und die sie verschreckt.

Denn wenn wir alle im Prinzip sowohl hetero- als auch gleichgeschlechtliche Neigungen in uns haben – muß Otto Normalbürger dann nicht in ständiger Furcht leben, die bisher nicht in Erscheinung getretene (in aller Regel also homosexuelle) Ader in ihm könnte eines Tages ans Licht kommen und seine persönliche und soziale Identität gefährden, seine Welt auf den Kopf stellen? Diese bedrohliche Möglichkeit aber wird ihm durch nichts und niemanden nachhaltiger vor Augen geführt als durch die tatsächlichen Bisexuellen.

Verschreckt werden durch die Freudsche These im übrigen keineswegs nur die Heteros. Nein, auch die Homos und Lesben haben ihre Probleme mit den Bisexuellen. Auch für sie ist Bisexualität eine ständige Bedrohung für die schöne Ordnung des Entweder/Oder.

Bisexualität zwischen Mythos und Wissenschaft

Annäherung an einen Begriff

Die Sexualwissenschaftler und Anthropologen überall auf der Welt kommen ins Schwimmen, wenn sie sich dem Thema Bisexualität nähern. Zwar gibt es einige demoskopische Untersuchungen, die sich auch dem Phänomen Bisex widmeten – allen voran die klassische Kinsey-Studie –, doch die theoretischen Ansätze sind überaus diffus. Und oft gründen sie auf Fakten, die andere Sexualwissenschaftler, Anthropologen und Soziologen längst ins Reich der Phantasie verbannt haben.

Meine Suche nach den Wurzeln der Bisexualität und nach handfesten Fakten gestaltete sich zu einer ähnlichen Odyssee wie die, die manche Männer und Frauen auf der Suche nach ihrer eigenen sexuellen Identität erlebt haben.

Alfred Kinsey kam in seinen Untersuchungen über das Sexualverhalten des amerikanischen Mittelstandes in den vierziger und fünfziger Jahren zu dem Ergebnis, daß 46% aller befragten Männer und 12% der Frauen sexuelle Erfahrungen mit beiden Geschlechtern hatten.

46% der Männer – sollen wir das wirklich glauben? Die Kinsey-Studien gelten inzwischen insgesamt als methodisch fragwürdig, also ist auch gegenüber den Zahlen zur Bisexualität Skepsis angebracht.

Und doch: Die Glaubwürdigkeit dieser Zahlen wächst, wenn wir sie mit Daten vergleichen, die der deutsche Sexualwissenschaftler Ernest Bornemann kürzlich vorgelegt hat. Bei der Befragung von 22 000 Menschen kam er zu dem Ergebnis: 20% der Hetero-Frauen hatten schon einmal Sex mit einer Frau, 12% der Hetero-Männer Sex mit einem Mann.

Demoskopische Untersuchungen werden freilich immer nur ein sehr unvollständiges Bild darüber geben, wie verbreitet die Bisexualität tatsächlich ist. Denn erstens ist es offensichtlich noch keinem Wissenschaftler gelungen, deutlich zu trennen zwischen jenen bisexuellen Spielen während der Pubertät, die die meisten von uns – mehr oder weniger stark ausgeprägt – erlebt haben, und «erwachsener» Bisexualität. Vor allem aber: Niemand weiß, wie viele Bisexuelle aufgrund der Stigmatisierung lieber im Schatten bleiben. Und erst recht kann niemand abschätzen, wie viele Menschen ihre bisexuellen Erfahrungen oder zumindest Neigungen verdrängen, weil sie sie bedrohlich finden.

Als ich mit den Vorarbeiten zu diesem Buch begann, wollte ich als erstes klären: Wie viele Menschen sind denn nun bisexuell? Ich merkte rasch, daß diese Frage schon im Ansatz zum Scheitern verurteilt war. Keiner der befragten Fachleute konnte mir eine befriedigende Antwort geben. «Mehr, als wir je vermuten würden» – das war noch die erhellendste Antwort, die ich erhielt (von einem deutschen Psychotherapeuten).

Eine Zahl zu benennen ist schon deshalb unmöglich, weil es weder von anthropologischer noch von sozialwissenschaftlicher, noch von sexualwissenschaftlicher Seite eine anerkannte Theorie gibt, was denn Bisexualität eigentlich sei.

Frauen, die – so wie ich selbst – in einer bestimmten Phase ihres Lebens ihrer Lust nachgeben, Sex mit einer anderen Frau zu erleben; Männer, die als heimliche Szenegänger ihre festen Partnerinnen betrügen; Paare, die aus unterschiedlichen Gründen mit der Liebe zu dritt experimentieren; Männer und Frauen, die sich sporadisch homosexuellen Phantasien hingeben, ohne je den entscheidenden Schritt zu deren Verwirklichung zu tun – wer von ihnen ist bisexuell?

Auf noch unsichereres Terrain begibt sich, wer die Frage stellt: Wie kommt Bisexualität zustande?

Wer ihr nachgeht, stößt rasch auf neuere medizinische Erkenntnisse zur Homosexualität. Kalifornische Wissenschaftler fanden kürzlich heraus, daß sich die Gehirnstruktur homosexueller Männer von der heterosexueller Männer signifikant unterscheidet: Das Nervenbündel, das beide Gehirnhälften verbindet, ist bei Homosexuellen um ein Drittel länger. Und eine andere Forschungsgruppe machte die Feststellung, daß ein bestimmtes Segment des Hypothalamus bei Schwulen nur halb so groß ist wie bei Heteros.

Doch sind diese Unterschiede in der Gehirnstruktur Ursache oder Wirkung der Homosexualität? Solange man es nicht weiß, ist auch die Frage ungeklärt, inwieweit Homosexualität oder auch Bisexualität eine Sache der Veranlagung ist.

Fest steht auf jeden Fall, daß Bisexualität etwas durchaus Natürliches ist. Schon 1949 hat die amerikanische Ethnologin Margaret Mead in ihrem Buch «Mann und Weib» dezidiert nachgewiesen, daß es in fast allen Zivilisationen Formen der Bisexualität gab und gibt. Detailliert erforschte sie etwa das Leben der Naturvölker auf Samoa, den Admiralsinseln, auf Neuguinea und Bali und stellte fest, daß Bisexualität dort eine Alltagserscheinung war.

Biologen konnten in den letzten Jahren nachweisen, daß diese Form der Sexualität auch im Tierreich nicht unbekannt ist. Bei Delphinen etwa hat man bisexuelles Verhalten beobachtet, und in Zaire gibt es einen Schimpansenstamm, der regelrechte Bisex-Orgien feiert.

Auch wenn es in beiden Fällen mehr um ein Ritual denn um Erotik geht – es zeigt, daß Bisexualität nichts Abartiges, nichts erst durch den degenerierten Menschen Erfundenes ist.

Bisexualität gehört zur menschlichen Natur. «Die Idee von der Bisexualität des Menschen ist so alt wie der Mensch selbst und hat irrationale, alten Mythen entstammende Wurzeln», schrieb Peter Ehmann 1980 in einem Essay über Zwischenformen der Sexualität. «So berichtet uns Plato in philosophisch unübertroffener Weise von der Entstehung des Menschengeschlechts, das anfangs aus drei Wesen bestand, einem weiblichen, einem männlichen und einem dritten, welches das gemeinschaftliche war von diesen beiden, dessen Name auch noch übrig ist, es selbst aber ist verschwunden.»

Gemeint ist der Hermaphrodit, jenes zwittrig ausgebildete Wesen, von dem in vielen römisch-griechischen Sagen die Rede ist. Hermaphroditos (laut Brockhaus «ursprünglich wohl eine orientalische Zwittergottheit») war im späteren griechischen Mythos der Sohn von Hermes und Aphrodite. Auf die Bitte der Quellnymphe Salmakis an die Götter, ihren Körper und den des ihre Liebe nicht erwidernden Hermaphroditos zu verschmelzen, entstand ein androgynes Wesen. Der Kult des Hermaphroditos gelangte wahrscheinlich von Zypern nach Athen. Seit spätklassizistischer Zeit taucht der Hermaphrodit in der hellenistischen und römischen Kunst als leichtbekleidetes und etwas fülligeres Wesen auf.

Auf diese alte Definition des Hermaphroditen stützen sich auch moderne Lexika, wenn sie die Bisexualität erklären wollen. So läßt uns der Brockhaus wissen, Bisexualität sei «das gleichzeitige Angelegtsein von männlichen und weiblichen Geschlechtsmerkmalen (Zwittertum); das Nebeneinanderbestehen homo- und heterosexueller Triebe und Neigungen bei einem Menschen». Nicht gerade erhellend für jemanden, der sich heute über Bisexualität informieren möchte.

Auch Meyers Lexikon macht uns nicht viel klüger. Dort heißt es: «Bisexualität ist das doppeltgeschlechtliche Vorhandensein von Zügen sowohl des weiblichen wie auch des männlichen Geschlechts in einem Menschen. Ende des 19. Jahrhunderts tauchte in mehreren Wissenschaftsgebieten die Vorstellung auf, daß der Mensch sowohl körperlich als auch psychisch zugleich männliche und weibliche Anlagen in sich trage.»

Doch zurück zu Peter Ehmann: «Die Vorstellung vom hermaphroditischen Ursprung des Menschen hat sich lange gehalten ... Manche Autoren übertrugen diese – wie wir heute wissen, falsche – Annahme von einer embryologischen Entwicklung auf psychische Gegebenheiten beim Erwachsenen und behaupteten, Männlichkeit und Weiblichkeit seien bei jedem Menschen anzutreffen, wenngleich die gegengeschlechtliche Komponente nur in unterdrückter, das heißt in latenter Form existiere.»

Der Mensch: sowohl Mann als auch Frau – eine faszinierende Hypothese. Nur leider ebenso falsch, wie Hermaphroditos schlicht eine Phantasiefigur ist.

Die im Mythos tradierte Idee des Doppelgeschlechtlichen wirkt dennoch bis heute nach. Auf ethnologischer Basis hat dies Hermann Baumann («Das doppelte Geschlecht») sehr gut herausgearbeitet. Für ihn gibt es einen deutlichen Zusammenhang zwischen dem in vielen Kulturkreisen entwickelten doppelgeschlechtlichen Götterverständnis und der bisexuellen Seele eines jeden Menschen.

Pointierter noch leitet Gunter Tiez in seinem Aufsatz über den bisexuellen Mythos und die sexuelle Individuation Bisexualität aus der Vorstellung von Gottheiten ab, die in sich eine mythische Einheit von Mann und Frau darstellen: «Jeder von den Göttern um seine Hälfte beraubte heutige Mensch sucht nach seinem Gegenstück. Derlei mystische Doppelpersonen üben eine immer größer werdende Anziehungskraft aus, deren Ursache von alters her in der wohl allen Menschen gemeinen Sehnsucht nach Einheit, Ergänzung der eigenen, stets unvollkommen empfundenen Existenz liegt. Heute jedenfalls besteht ein weitverbreitetes Bedürfnis nach Entdeckung und Verwirklichung der eigenen Bisexualität.»

Bisexualität – nur ein uralter Menschheitstraum, bar jeder Realisierbarkeit? Nein, sicher nicht – allumfassend zu lieben und geliebt zu werden war schließlich nicht nur ein Privileg der Götter. Auch die alten Griechen und Römer nahmen es für sich in Anspruch. Sie lebten mit ihren Ehefrauen und feierten Orgien mit schönen Jünglingen. Kein Problem damals.

Erst die christliche Kirche hat darin Anstößiges gesehen. Die Ehe zwischen Mann und Frau wurde zum heiligen Bund erklärt. Der Staat übernahm diese Anschauung und machte sie zum Fundament zuerst der feudalen, dann der bürgerlichen Gesellschaft. Daß Schwule und Lesben jetzt gegen die Hetero-Ehe als einzig gültige Form des Zusammenlebens Sturm laufen und vor Gott und der Welt mit ihresgleichen verbunden werden wollen, erschüttert diese jahrhundertealte Institution nur unmerklich.

Am Anfang sind wir alle bi

Sexuelle Identität im Wandel

Die gängige Auffassung ist, jeder Mensch müsse tief in seinem Innern entweder eindeutig heterosexuell oder eindeutig homosexuell sein; seine sexuelle Identität sei genetisch vorbestimmt oder aber werde spätestens durch Erfahrungen in der frühen Kindheit ein für allemal festgelegt. Eindeutigkeit wird angestrebt: Einmal hetero, immer hetero – nur nicht verunsichern lassen durch die abgründige Möglichkeit, die eigene sexuelle Identität könnte aufgeweicht werden.

Die Menschen, die ich für dieses Buch interviewt habe, haben diesen Prozeß der Verunsicherung hinter sich oder stecken mittendrin. Es ist ein Prozeß, der meist schmerzhaft ist und manchmal nie endet. Die Lust an der Grenzüberschreitung muß oftmals teuer bezahlt werden.

Wäre es für eine freie sexuelle Entwicklung nicht sehr viel besser, wenn wir keine eindeutige sexuelle Identität anstrebten, sondern von der Hypothese ausgingen, daß die sexuelle Orientierung jedes Menschen flexibel ist, Einflüssen unterliegt, sich ändern kann, fließend bleibt?

Sigmund Freuds Theorien zur sexuellen Entwicklung des Individuums stützen die Auffassung von der Flexibilität der Neigungen. Jeder Mensch ist ihm zufolge «polymorph pervers». In seiner frühen Kindheit homosexuell, da er sich selbst und den eigenen Körper liebt und dessen Reaktionen bis ins Detail erkundet, findet er den Weg zur Heterosexualität erst, nachdem der ödipale Konflikt gelöst ist. Erst wenn das Kind das auf das andere Geschlecht gerichtete Begehren von der verbotenen Begierde nach der eigenen Mutter beziehungsweise dem Vater getrennt hat, wenn es Ödipuskomplex und Kastrationsangst überwunden hat, wird die anfängliche Homosexualität relativiert. Doch sie bleibt für immer in dem Menschen verankert.

Es tut nichts zur Sache, daß Freuds Theorie beeinflußt ist von der Angst des Altmeisters der Psychoanalyse vor der eigenen verdrängten Homosexualität. Wichtig ist mir hier nur, daß schon er die Natürlichkeit der Bisexualität herausstellte.

Viele heutige Theorien zur Bisexualität nehmen Freud in dieser Frage beim Wort. Die ursprüngliche Liebe zum eigenen Geschlecht und die erste Lust an ihm entspricht, so wird geltend gemacht, ebenso den natürlichen sexuellen Bedürfnissen des Menschen wie der Drang, das andere Geschlecht zu entdecken und an ihm Lust zu empfinden. Bisexualität als das natürliche Fundament von Sexualität überhaupt läßt Homosexualität und Heterosexualität als gleichwertige Wahlmöglichkeiten zu.

Die Realität freilich sieht anders aus. Solange die heterosexuelle Existenz von der Gesellschaft zur Norm erhoben wird, gibt es für die meisten Menschen keine effektive Wahlmöglichkeit, sondern sie wenden sich ihr geradezu zwangsläufig zu.

Adrienne Rich hat sich mit dieser Frage in ihrem Aufsatz «Zwangsheterosexualität und die lesbische Existenz» beschäftigt. Sie schreibt: «Solange bestimmte Wahlmöglichkeiten der sexuellen Lebensweise diskriminiert und andere als natürlich dargestellt werden, werden die Menschen ihre Konformität auf Kosten ihrer natürlichen sexuellen Bedürfnisse und Empfindungen vorziehen. Sie werden, sofern sie doch nach ihren inneren Bedürfnissen leben, Rechtfertigungen für ihre Entscheidung suchen: Ich bin bisexuell, weil . . . Sie suchen Erklärungen in ihrer Kindheit, aufgrund erster Erfahrungen. Kein Heterosexueller unterliegt dem Zwang, seine Entscheidung zu erklären und zu hinterfragen.»

Bisexualität ist Chance und Last zugleich. Die Bisexuellen, schreibt Adrienne Rich, «schweben über jeder Ordnung, sie haben dadurch die Freiheit, die beiden erotischen Lebensstile auf die eine oder andere Weise miteinander zu kombinieren». Die Kehrseite ist die gesellschaftliche Ächtung, die mangelnde Akzeptanz sowohl bei den Hetero- als auch bei den Homosexuellen.

Die Ablehnung, auf die die Bisexuellen stoßen, ist bei den Homosexuellen besonders stark. Margaret Nichols erklärt dies in dem von ihr mitherausgegebenen Buch «Lesben Liebe Leidenschaft» damit, daß das Etikett bisexuell gar zu oft als Deckmantel für Lesben und Schwule benutzt wurde, die nicht fähig waren, die gesellschaftliche Ablehnung auszuhalten. Bisexuelle gelten als Menschen, auf die das Sprichwort zutrifft: «Wasch mich, aber mach mir den Pelz nicht naß» – als Menschen also, die zwar die Freiheit einer vielseitigen Sexualität genießen, ihre Privilegien als Heteros in einer heterosexuellen Gesellschaft jedoch nicht gefährden wollen.

In den letzten Jahren, so Nichols, sei die Ablehnung in dem Maße gewachsen, in dem die Zahl derjenigen, die auf ihre bisexuelle Komponente gestoßen sind, zugenommen hat. Die lesbische Frau fühlt sich durch die bisexuelle bedroht – in dem Sinne, daß ihr eine dritte Möglichkeit vorgelebt wird, die ihre eigene Entscheidung für eine ausschließlich lesbische Existenz in Frage stellen könnte. «Viele der Frauen würden lieber glauben, daß sie schon immer lesbisch waren, haben die Männer und die Sexualität mit ihnen meist radikal aus ihrem Leben gestrichen und empfinden es als höchst unbequem zu denken, daß das, was einmal beschlossen wurde, zum Teil auch wieder rückgängig gemacht werden könnte.»

Viele erklärtermaßen lesbische Frauen hätten, schreibt Margaret Nichols weiter, durchaus Lust auf Sex mit Männern. Doch sie verdrängen diese Bedürfnisse, «weil sie hinter ihrer Entscheidung zum Lesbensein mehr als eine momentane Entscheidung zu einer sexuellen Richtung sehen, sondern diesen Entschluß oft als politische Entscheidung begreifen». Diesen Entschluß rückgängig zu machen, dazu aber fehlt ihnen oft der Mut. Denn es würde bedeuten, die eigene Identität in Frage zu stellen.

Was Margaret Nichols für die Homosexuellen – und speziell für die lesbischen Frauen – feststellt, gilt natürlich ebenso für die Heteros: Die bisexuelle Komponente in einem selbst wird versteckt, verdrängt, abgetötet, weil sie verunsichernd wirkt. Es fällt allemal leichter, ein Stück des eigenen Selbst zu opfern, als den geraden, sicheren Weg zu verlassen.

Daß dies für Homosexuelle ganz besonders gilt, ist einleuchtend – hat es sie doch schon erhebliche Kraft gekostet, in einer heterosexuellen Gesellschaft ihren Standort zu finden. So gehen sie einem erneuten Konflikt mit der Gesellschaft – und nichts anderes würde es bedeuten, den Weg des Entweder/Oder zu verlassen – aus dem Weg. Und sind heilfroh darüber, daß es mit den Bisexuellen eine Gruppe gibt, die noch stärker geächtet ist, als sie es selbst sind.

«Wer Frauen und Männer liebt, begibt sich auf unsichere Wege», schreibt Agnes Frei in ihrem Buch «Lieb doch die Frauen und die Männer!».

Die Formen des Zusammenlebens haben sich stark

gewandelt in den letzten Jahrzehnten. Die Großfamilie wurde durch die Kleinfamilie abgelöst, und diese wurde später partiell substituiert durch den Single-Haushalt, durch die WG, die nichteheliche Lebensgemeinschaft und sogar durch die homosexuelle Gemeinschaft. Von der ganzen Entwicklung hat eine Gruppe der Gesellschaft nicht profitiert: die Bisexuellen. Sie «fallen dazwischen», konstatiert Agnes Frei, «sie müssen, wenn sie ihre Bisexualität wirklich ausleben wollen, Parallelbeziehungen führen».

Diese These deckt sich mit dem, was ich in meinen Gesprächen mit Bisexuellen erfuhr. Die meisten von ihnen streben eine Paarbeziehung an, wollen nicht in losem Kontakt mit zwei Partnern leben. So verweilen sie in einer konventionellen heterosexuellen Beziehung und leben nebenher ihre homosexuelle Lust aus. Oder aber – das ist der sehr viel seltenere Fall – sie leben in einer homosexuellen Partnerschaft und haben nebenher heterosexuelle Kontakte.

Das Beziehungsgeflecht, in dem sie leben, ist notwendigerweise viel komplizierter und anfälliger für Veränderungen als bei Heteros. «Bisexualität bedeutet Risiko, ist immer Aus- wie Aufbruch, weil nichts mehr sicher ist an dem, was war und sein wird», schreibt Agnes Frei.

Doch die Zeichen stehen auf Veränderung, meint die Autorin. Anhand der heutigen Mode, die die archaische Weiblichkeit des Mannes und die männlichen Züge der Frau betont, beweist sie, daß Bisexualität im Trend der Zeit liegt. «Solche Symptome zeigen an, daß die Unterschiede der Geschlechter, die in allen geschichtlichen Liebesvorstellungen bisher hervorgehoben wurden und um die herum auch ihr Verhältnis konstruiert und ausgebildet wurde, sich abschleifen. In solcher Annäherung vermindert sich das Objektive des Geschlechterunterschiedes, der einst Hemmungslosigkeit als Schrankenlosigkeit zu begreifen und zu disqualifizieren half.»

Eine Gesellschaft, die Bisexualität als etwas Natürliches akzeptiert – eine herrliche Vorstellung! Nicht nur die Bisexuellen würden davon profitieren, sondern die Gesellschaft insgesamt. Das folgende Statement von Mariana Valverde (aus ihrem Buch «Sex, Macht und Lust») kann man nicht dick genug unterstreichen:

«Bisexualität kann eine wichtige Rolle im Kampf um eine Gesellschaft spielen, die frei ist von scharfen Grenzen zwischen Geschlechterrollen und sexuellen Orientierungen. Und in diesem Sinne hätten wir alle etwas davon, wenn es mehr sozialen Raum für Menschen gäbe, die sich als Bisexuelle bezeichnen. Dies würde bedeuten, daß wir alle ein wenig freier von exklusiven und essentialistischen Zuordnungen würden. Denn selbst eine Bisexualität mit all ihren Widersprüchen, die ihr von unserer Gesellschaft auferlegt werden, kann uns helfen, den sexuellen Status quo in Frage zu stellen. Schließlich sind Widersprüche die treibenden Kräfte der Geschichte.»

Ich wünsche mir, daß die Geschichte in diesem Sinne vorangetrieben wird!

Erfahrungen

Bisexuelle Frauen
und Männer
berichten

Fünf
exemplarische Fälle

«Ich bin froh,
bi zu sein»

Unter dem Motto «Ich bin bi» inserierte ich in mehreren Tageszeitungen, um Menschen zu finden, die bereit waren, sich zu ihrer Bisexualität zu äußern. Es meldeten sich fast 200 Frauen und Männer. Etwa 150 von ihnen gaben mir in Schriftform oder im Gespräch ausführliche Auskunft.

Ich möchte Ihnen zunächst – als Einstieg sozusagen in den «Erfahrungsteil» meines Buches – fünf dieser Personen in Kurzform vorstellen, deren Erfahrungen und Einstellungen in vielem repräsentativ sind für die von mir befragten Personen.

Susanne, 42, war die erste Frau, die ich auf meine Anzeige hin zu einem persönlichen Gespräch traf. Sie brauchte lange, bis sie zu der ihr gemäßen Form der Sexualität gefunden hatte, und der Weg, den sie hinter sich hat, war wahrlich nicht leicht.

«Lange Zeit habe ich mich unter großen Druck gesetzt, mich für eine Liebesform zu entscheiden», erzählt sie. «Ich konnte das Gefühl nicht ertragen, zwischen allen Stühlen zu sitzen. Also erklärte ich mich zunächst für heterosexuell, heiratete und bekam zwei Kinder. Nach der Trennung, die nicht zuletzt durch sexuelle Unzufriedenheit meinerseits zustande kam, beschloß ich endlich, meine lesbischen Neigungen auszuleben. Ich engagierte mich in der Frauenbewegung und hatte zwei lange Beziehungen mit Frauen...»

Susanne zögert leicht, bevor sie fortfährt: «Aber immer öfter dachte ich an den Sex mit einem Mann. Die lesbischen Beziehungen scheiterten, ich war verwirrt, dachte, meine Lust auf Frauen sei nur so eine Art Orientierungssuche gewesen, und ging wieder eine Verbindung mit einem Mann ein. Einige Zeit war ich sehr glücklich und auch sexuell zufrieden, aber dann zog es mich wieder zu einer Frau. Irgendwann – ich war gerade 40 geworden – habe ich mir gesagt: Jetzt ist Schluß mit dem zwanghaften Hin und Her; eines ist dir nicht genug, anscheinend mußt du beides haben. Ich bekannte mich also zur Bisexualität – auch vor der Außenwelt. Doch das war ja nicht das Ende des Lieds, sondern die Schwierigkeiten begannen erst: Sollte ich mit einem Mann leben und zusätzlich ein Verhältnis mit einer Frau haben? Oder umgekehrt?»

In den vergangenen zwei Jahren hat sie alle möglichen Lebensformen ausprobiert – aber die Antwort weiß sie immer noch nicht. «Bei jeder Entscheidung bleibt ein Rest von Unzufriedenheit, bleibt eine Facette unausgefüllt. Meine Idealvorstellung wäre es, mit einem Mann und einer Frau zusammenzuleben, mit beiden sexuell zu verkehren und manchmal auch mit beiden gleichzeitig. Eine Traumvorstellung, ich weiß.»

Susannes rastloses Suchen nach einer adäquaten Lebensform ist exemplarisch. Die *ménage à trois* ist für viele Bisexuelle ein Wunschtraum. Doch den wenigsten gelingt es, eine Lebensgemeinschaft zu dritt langfristig zu installieren. Wie viele andere mußte auch Susanne letztlich Kompromisse schließen: «Die Realität sieht so aus, daß ich heute mit einem Mann zusammenlebe, der mein Faible für andere Frauen duldet, sich dafür aber das Recht herausnimmt, ebenfalls Verhältnisse mit anderen Frauen zu haben, und das verletzt mich immer wieder. Trotzdem: Meine Bisexualität möchte ich auf keinen Fall unterdrücken müssen. Ich bin froh, bi zu sein!»

Susanne hat sich mit ihrer Situation abgefunden. Wie für viele bisexuelle Frauen ist für sie die «tolerante Zweierbeziehung» das kleinere Übel.

Anders als Susanne hat der 28jährige Thorsten die Experimentierphase noch nicht hinter sich. Voller Hoffnung sucht er nach der «Traumbeziehung» mit einer Frau, die zwar mit ihm eine feste Bindung eingeht, jedoch auch offen ist für Triolen.

«Lust auf Experimente im sexuellen Bereich hatte ich schon immer», sagt er selbstbewußt. «Ich hatte früh mein erstes Erlebnis. So mit 14 Jahren, und zwar mit einer älteren Frau. Danach kamen die üblichen Geschichten mit gleichaltrigen Mädchen. Richtig befriedigt haben die mich aber nie. Also probierte ich anderes aus: mal Partnertausch, mal eine Domina, mal eine SM-Party. Die meisten Frauen waren anfangs von dieser Vielfalt und meiner Phantasie begeistert, meldeten aber dann im Laufe der Beziehung vermehrt Besitzansprüche an, was weitere gemeinsame Experimente unmöglich machte. Und wenn ich dann vorsichtig andeutete, daß ich mir bei einem Dreier auch Sex mit dem anderen Mann vorstellen kann, erntete ich jedesmal nur Unverständnis. Eine Zeitlang hatte ich wechselnde belanglose Bekanntschaften mit Frauen, die durchaus befriedigend und abwechslungsreich waren, aber es verlangte mich doch nach einer dauerhaften Beziehung, in der auf dem Sektor der Sexualität alles gemeinsam möglich wäre. Eine Frau zu finden, die diesen Wunsch wirklich teilt, gleicht jedoch der Suche nach der berühmten Stecknadel im Heuhaufen.»

Wie viele bisexuelle Männer, denen die tolerante Partnerin für erotische Dreier fehlt, wandte sich Thorsten anderen Männern zu. «Es begann auf einer Swinger-Party, auf der es jeder mit jedem trieb. Ich habe schnell die Erfahrung gemacht, daß Männer durchweg eine freiere Einstellung haben, sofern sie nicht ausschließlich homosexuell veranlagt sind. Bei einem Mann fühlte ich mich verstanden, da konnte ich frei und offen sagen, worauf ich gerade Lust hatte. Frauen dagegen verlangen immer die große Liebe und Treue bis in alle Ewigkeit.»

Thorsten hat heute eine relativ feste Beziehung zu einem gleichaltrigen Mann. Doch man merkt ihm seine innere Unzufriedenheit an. «Eigentlich wünsche ich mir eine feste Beziehung zu einer Frau, weil ich den Sex mit Frauen an sich schöner und aufregender finde als mit einem Mann. Aber sie müßte eben sexuell offen sein und gemeinsam mit mir experimentieren wollen.»

Wie Thorsten erklärt auch Angelika, 33: «Ich stehe auf Dreier.» Doch anders als die meisten meiner Gesprächspartner kann sie ihre Lust auf beide Geschlechter zu ihrer vollkommenen Zufriedenheit ausleben.

«Anfangs gab es viele Hürden», erzählt sie. «Ich führte ein gewöhnliche Ehe, unser Sex war schön, wenn auch nicht überwältigend. Eines Nachts blätterten wir in einem Pornomagazin und lasen uns gegenseitig Kontaktanzeigen vor. Meinem Mann hatten es besonders die angetan, in denen Bi-Frauen Kontakt zu einem Paar wünschten, bei dem die Frau ebenfalls bi veranlagt war. Im Laufe der Nacht begeisterten wir uns immer mehr für diese Vorstellung, und dann schrieben wir spontan auf eine der Anzeigen. Anfangs habe ich das nicht so ganz ernst genommen, dachte mir, ich könne ja jederzeit abspringen. Einfach mal sehen.»

Mit solch einem Entschluß beginnen häufig erst die Probleme. Die Idee scheitert oft an den Schwierigkeiten des triolenwilligen Paares, eine geeignete Partnerin zu finden. Angelika und ihr Mann aber hatten Glück. Angelika erzählt: «Ich war schon am Telefon angetan von dem deutlichen Interesse, das sie sowohl an meinem Mann wie auch an mir zeigte. Trotzdem gab es fürchterliche Momente der Eifersucht, als wir zum ersten Mal zu dritt im Bett lagen und mein Mann sich sehr ausgiebig und erregt mit ihr beschäftigte. Sie hatte jedoch ein sehr feines Gespür, sorgte immer wieder dafür, daß wir alle gleichermaßen miteinander beschäftigt waren, ihre Zärtlichkeiten rissen mich mit und schwemmten alle meine Ängste hinweg. Wichtig war für mich dabei auch die Erfahrung, daß mein Mann mich danach allein noch genauso, ja vielleicht sogar stärker begehrte als früher. Und dabei hatte ich gefürchtet, daß es ihm mit mir allein nach einem Dreier langweilig werden könnte.»

Viele Frauen schrecken aus Gründen der Eifersucht davor zurück, so ein erotisches Dreierverhältnis fest zu etablieren. Angelika jedoch ist rundum zufrieden: «Inzwischen ist mir der Sex zu dritt beinahe wichtiger als meinem Mann. Ich habe erkannt, daß ich eine starke Bi-Seite habe. Es ist eine andere Art der Lust mit einer Frau. Aber der Mann muß dabeisein. Das Zusammensein mit einer Frau allein habe ich mir nie gewünscht. Es wäre wohl auch für mich einfach zuwenig.»

Das Gück, wie Angelika auf dem Fundament einer harmonischen Hetero-Beziehung seine bisexuellen Neigungen offen ausleben zu können, haben nicht viele. Ich bin immer wieder Menschen – vor allem

Frauen – begegnet, die auf eine feste Partnerschaft verzichten müssen, um ihre doppelgeschlechtlichen Ambitionen realisieren zu können. Das liegt teils daran, daß der (potentielle) Lebenspartner nicht die nötige Toleranz aufbringt, teils aber auch daran, daß die bisexuelle Frau oder der bisexuelle Mann der erotischen Triole abweisend gegenübersteht, da die Intimität des Zweierkontakts für sie eine Grundvoraussetzung einer befriedigenden Sexualität darstellt.

Letzteres gilt auch für Uta, eine 27jährige Bankangestellte, die seit sechs Jahren zu ihrer Bisexualität steht. Sie erzählt: «Ich liebe phasenweise Männer und dann wieder Frauen. Dieser Wechsel ist zwar ziemlich anstrengend, und eine richtig tiefe Beziehung kann so auch nicht entstehen, weil immer nur ein Teil von mir daran teilhat. Aber es ist die einzige Möglichkeit, meinen Bedürfnissen gerecht zu werden.»

Uta macht keinen Hehl daraus, daß es rein sexuelle Bedürfnisse sind, die ihr wechselvolles Leben bestimmen. «Ich bin beim Sex gern oben, bin gern der aktivere Teil. Daraus ergeben sich himmlisch erregende Möglichkeiten – bei Männern ganz andere als bei Frauen. Männer fordern meine Dominanz heraus, sie finden sie toll, lassen sich aber nie ganz fallen, weil sie immer noch beweisen wollen, daß sie die Sache im Griff haben. Diese Art des Kämpfens im Bett gefällt mir. Eine Frau hingegen gibt sich viel leichter völlig hin. Sie antwortet mit Zärtlichkeiten, ist ausdauernder, ihre Hingabe ist absoluter. Das weckt in mir gewisse Beschützerinstinkte, also keine

Kampfeslust wie bei den Männern, sondern das Gefühl, sanft und behutsam sein zu müssen. Beides brauche ich einfach, aber jedes zu seiner Zeit. Eine Triole ist für mich undenkbar.»

Ein Grundgefühl vieler Bisexueller ist, daß das, was sie nur in homosexuellen Kontakten finden, und das, was ihnen nur der Heterosex geben kann, sich gegenseitig ergänzt und befruchtet. Uta empfindet das ebenso wie Wolfgang, 38, ein Werbefotograf. Er wählte – anders als die meisten meiner Interviewpartner – die Schriftform, weil ihm seine eigenen bisexuellen Neigungen noch relativ unvertraut sind. Bemerkenswert an seinem Bericht finde ich vor allem die Tatsache, daß er den Heterosex als spannungsvoller empfindet, seit er seine erste homosexuelle Begegnung hatte.

«Vor einem Monat hätte ich mich noch als eisernen Hetero bezeichnet», schreibt er mir. «Aber heute zieht mich Ihre Annonce magisch an, weil mich ein Erlebnis, das ich neulich hatte, immer noch beschäftigt und verwirrt. Deshalb ist es vielleicht gut, es aufzuschreiben. Bis vor kurzem also hatte ich rein heterosexuelle Kontakte und war zufrieden damit. Mir fehlte nichts.»

Die meisten bisexuellen Männer wissen lange, bevor sie erstmals Sex mit einem anderen Mann praktizieren, um ihre eigenen homoerotischen Neigungen. Oftmals haben sie in ihrer Phantasie längst ausgelebt, was ihnen dann in der Wirklichkeit widerfährt. Doch ich bin auch mehreren Männern begegnet, die lange

Zeit keinen blassen Schimmer von ihrer Bisexualität hatten und irgendwann regelrecht verführt wurden – von einem Paar oder, wie Wolfgang, von einem homosexuellen Mann. Wolfgang beschreibt in seinem Brief recht ausführlich die Szene seiner Verführung:

«Vor vier Wochen machte ich Werbeaufnahmen mit männlichen Models. Am späten Abend hatte ich den letzten vor der Kamera: ein Bild von einem Mann, ziemlich jung und sehr gut gebaut. Bei solchen Aufnahmen kommt man schnell ins Erzählen, und ziemlich bald wußte ich, daß er schwul ist. Das irritierte mich wenig, weil ich häufig mit homosexuellen Models gearbeitet habe. Daniel aber hatte eine ganz besondere Ausstrahlung, war sehr eins mit seinem Körper, bewegte sich ungeheuer geschmeidig. In meinem Studio steht unter anderem auch eine sehr große alte Messingbadewanne. Die hatte es ihm vom ersten Augenblick an angetan. Und nach den Aufnahmen blieb er – nackt, wie er noch war – davor stehen. ‹Läßt du Wasser rein?› fragte er, und ich tat es. Er schüttete Unmengen von Badeschaum dazu und saß bald drinnen, vergnügt wie ein Kind. Irgendwie war ich in aufgekratzter Stimmung, die Aufnahmen waren beendet und sehr gut geworden, das wußte ich, deshalb kam ich Daniels Bitte, uns etwas zu trinken zu holen, nach und öffnete zur Feier des Tages eine Flasche Champagner. Als ich ihm das Glas reichte, nahm er meine Hand und hielt sie fest. ‹Zieh dich aus›, forderte er mich auf. Ich weiß nicht warum, doch ich zog mich wirklich aus, und kurze Zeit später saß ich mit ihm in der Wanne.

Darauf bedacht, den Abstand zwischen uns zu wahren, drückte ich mich allerdings, so weit es ging, an das gegenüberliegende Ende der Wanne. Er ließ mich keinen Augenblick aus den Augen, lächelte, stellte irgendwann sein Glas ab und rückte zu mir heran. Er nahm die Seife und schäumte sich ein, ließ den Schwamm kreisen, und immer sah er mich dabei an. Meine Empfindungen waren sehr zweigeteilt, einerseits fragte ich mich, was ich hier überhaupt machte und warum ich dem Typ nicht sagte, er solle verschwinden, andererseits gefiel mir, was er da tat, und ich wurde zusehends erregter. Er lockte mich bald darauf aus der Wanne und zu meinem Matratzenlager; noch immer gab es Widerstände in mir, doch er zog mich einfach mit. Seine geschickten Berührungen taten ihre Wirkung, ich ließ mich verführen. Es war unglaublich, vielleicht weiß nur ein Mann, wo es für einen Mann wann und wie am besten ist, jedenfalls war ich so erregt wie nie zuvor in meinem Leben. Später drang er in mich ein. Ich fand es zunächst ein bißchen demütigend, so zu knien und von hinten bestiegen zu werden, dann aber erregte es mich auch wieder, und später dachte ich daran, wie oft ich Frauen in dieser Weise genommen hatte, mir aber nie Gedanken darüber gemacht hatte, wie sie diese Stellung wohl empfinden würden. Ich ließ es also geschehen. Der Moment des Eindringens war unglaublich. Ich glaubte zuerst vor Schmerz zerrissen zu werden, wollte ihn von mir wegstoßen. Aber irgendwie war es dann doch sehr lustvoll, fremd und aufregend zugleich, so passiv zu sein, ein wenig ausgeliefert. Danach allerdings überkam mich Panik und Entsetzen. Er hatte sich befriedigt neben mich gelegt, und ich wollte nur, daß er endlich geht. Ich mußte mit mir ins reine kommen, über das nachdenken, was geschehen war, meine Gefühle ordnen. Als er gegangen war, stand ich lange vor dem Spiegel und fragte mich: Wer bin ich? Was will ich? Ich war verunsichert, irritiert, und gleichzeitig überliefen mich Schauer der Lust, wenn ich an das dachte, was geschehen war.»

Es ist ein Horrormärchen der Moralapostel, solche homosexuellen Erstlingserlebnisse würden einen Mann von heute auf morgen «umpolen». Ich habe jedenfalls keinen einzigen Mann kennengelernt, der nach seinem ersten gleichgeschlechtlichen Kontakt mit fliegenden Fahnen ins Lager der Homosexuellen übergelaufen wäre. Auch für Wolfgang war der Effekt eine Erweiterung seiner sexuellen Perspektiven, keine «Umpolung».

«Am nächsten Tag kam meine Freundin, und wir schliefen zusammen. Das Tollste war: Das Erlebnis mit ihr war eigentlich wie immer und doch völlig neu, weil ich mich sehr viel mehr in ihre Empfindungen einfinden konnte. Erzählt habe ich ihr nicht von meinem Erlebnis. Ich treffe Daniel weiterhin sporadisch, und der Sex mit ihm ist schaurig-schön, fremd und gleichzeitig vertraut. Aber auch der Sex mit meiner Freundin ist eindeutig spannungsreicher geworden seitdem.»

Susanne, Thorsten, Angelika, Uta und Wolfgang – fünf Menschen, die zu ihrer Bisexualität gefunden haben. Es sind fünf Fälle, die sehr individuell und doch auch exemplarisch sind – nicht nur, indem sie einige typische Züge bisexuellen Seins zeigen, sondern auch, weil sie manifest machen, wie unterschiedlich Bisexualität heute gelebt wird.

Das Phänomen Bisexualität ist alles andere als homogen. Es gibt, das zeigten meine vielen Gespräche sehr deutlich, nicht *den* typischen Bisexuellen und nicht *die* typische Bisexuelle. Da Bisexualität gesellschaftlich nicht akzeptiert ist, entzieht sie sich auch festen Regeln – was nicht unwesentlich ihren Reiz ausmacht, finde ich.

Im folgenden werde ich weitere bisexuelle Frauen und Männer ausführlich zu Wort kommen lassen. Zusammengenommen ergeben die Berichte ein gutes Bild dessen, wie Bisexuelle heute leben, denken und empfinden. Letztlich zeigen uns keine Statistiken und Theorien, sondern nur die individuellen Erlebnisse der Betroffenen, was es auf sich hat mit der Bisexualität.

Barbara

«Die beste Freundin,
die ich je hatte»

Barbara, eine 37jährige Versicherungsangestellte aus einer norddeutschen Kleinstadt, gehört zu den vielen bisexuellen Frauen, die ihre Lust auf das eigene Geschlecht erst relativ spät – oft zwischen dem 35. und 45. Lebensjahr – entwickelten. Meist in einer festen heterosexuellen Partnerschaft lebend, entscheiden sich diese Frauen überwiegend dafür, ein mehr oder weniger stark ausgeprägtes Doppelleben zu führen, um weder die Partnerschaft noch den erreichten sozialen Status zu gefährden. Wobei bisexuelle Frauen signifikant seltener als bisexuelle Männer häufig wechselnde Sexualkontakte unterhalten; sie leben ihre Bisexualität zumeist mit einer bestimmten Frau, einer ihnen auch emotional nahestehenden Freundin aus.

Auch Barbara hat sich für die Heimlichkeit entschieden. Ihr Motiv ist allerdings nicht so sehr die Angst vor dem Verlust des Ehepartners denn die Befürchtung, er könnte sich in die Beziehung zwischen den beiden Frauen drängen.

Ich habe mit Barbara zwei ausführliche persönliche Gespräche geführt, deren Essenz ich im folgenden wiedergebe.

Heute abend ist es wieder soweit. Heute abend treffe ich Anke, meine Freundin. Sie ist die beste Freundin, die ich je hatte, meine Ratgeberin, meine Vertraute – und meine Geliebte. Letzteres ist sie noch nicht lange. Und bis vor einem Jahr hätten wir wohl beide nicht für möglich gehalten, daß sie es je werden könnte.

Mein körperliches Begehren und meine sexuellen Phantasien waren immer auf Männer ausgerichtet gewesen. Sicher hatte es in der Kindheit die üblichen Doktorspiele mit anderen Mädchen gegeben, und später wurden auch schon mal wilde Zungenküsse mit der Freundin ausgetauscht – aber nur, so versicherten wir uns gegenseitig, um für all die Männer zu üben, die kommen würden und die es durch diese Kunst zu bestechen galt. Ansonsten beschränkten sich die Augenblicke körperlicher Nähe zu Frauen darauf, in Stunden der Verzweiflung in ihren Armen Trost zu finden, Schutz und Geborgenheit, ganz so wie früher bei meiner Mutter. Nie habe ich mich in den Armen eines Mannes so völlig meinem Schmerz und meiner Hilflosigkeit hingeben können wie bei meiner Mutter oder anderen Frauen.

Mit 15 hatte ich die ersten Liebeleien mit Jungen meines Alters. Hastige, verkrampfte Küsse, schwitzige Hände unter meinem Pullover und zwischen meinen Schenkeln. Ich fand das alles überflüssig, aber ich wehrte mich nicht dagegen – einfach deshalb, weil meine Freundinnen es auch mitmachten und ich zu dieser Zeit eines auf keinen Fall sein wollte: ausgestoßen durch Anderssein.

Mit 16 fand dann das berühmte «erste Mal» statt. Schon vorgewarnt durch gute Freundinnen, war ich gefaßt auf Schmerz und wenig Freude. Und Bernd, ein Mitschüler, der nicht mehr ganz so unerfahren war wie ich, wurde denn auch allen schlimmen Erwartungen gerecht. Nach rund einminütigem Vorspiel, das hauptsächlich darin bestand, daß er meine Brüste roh knetete, schob er meine Beine auseinander und drang recht unsanft in meinen jungfräulichen Schoß ein. Es schmerzte furchtbar – so trocken, wie ich war. Ich war kein bißchen erregt und sehr, sehr ängstlich – und peinlich darum bemüht, beides zu verbergen. So befolgte ich den Rat erfahrenerer Geschlechtsgenossinnen und stöhnte ekstatisch unter seinen immer wilder werdenden Stößen, wobei ich heimlich Stoßgebete gen Himmel richtete, daß es bitte, bitte bald vorbei sein möge.

Meine Gebete wurden erhört. Nachdem sich Bernd von mir gewälzt hatte, blieb ich ratlos mit einer klebrigen Flüssigkeit zwischen den Schenkeln neben ihm liegen. Als er mich fragte, ob es denn schön gewesen sei für mich, säuselte ich ihm ein offenbar sehr glaubwürdiges «O ja!» ins Ohr. Seine stolze und zufriedene Miene entschädigte mich etwas für all den Schmerz, und in der Nacht darauf stand ich lange vor dem Spiegel – in der Gewißheit, durch das Erlebnis mit Bernd zur richtigen Frau geworden zu sein.

Später waren die Erlebnisse mit Männern besser. Vermutlich, weil die Männer besser waren. Ich hatte erste Orgasmen, weil sich manche von ihnen die Mühe machten, mich vor oder während der Vereinigung an den richtigen Stellen zu streicheln. In geheimen Stunden erkundete ich unter der Bettdecke den eigenen Körper und fand heraus, wo und wann er welche Stimulation brauchte.

Hartmut, mein heutiger Ehemann, stach alle meine vorherigen Liebhaber bei weitem aus. Sein Einfallsreichtum schien beinahe grenzenlos. Kein Zentimeter meiner Haut, der nicht in den Genuß seiner zärtlichen Berührungen und Küsse kam. Und so sagte mein ganzer Körper «ja», als wir ein halbes Jahr, nachdem wir uns kennengelernt hatten, zum Standesamt gingen.

O ja, ich war wirklich glücklich mit diesem Mann. Und ich bin es noch heute. Ich habe Hartmut im Bett niemals rücksichtslos und egoistisch erlebt, und mir ist klar, wie viele andere Frauen mich hierum beneiden. Ich möchte die Liebe meines Mannes und den zärtlich-phantasievollen Sex mit ihm niemals missen.

Obwohl ich weder emotionale noch sexuelle Defizite zu haben glaubte, passierte dann die Sache mit Anke. Anke und ich waren schon seit vielen Jahren befreundet gewesen. In der Abschlußklasse der Handelsschule hatten wir uns kennengelernt. Wir teilten Interessen und Vorlieben und hatten mehr als einmal erlebt, daß wir einander vertrauen konnten, und genossen die Gewißheit, daß jede zu jeder Zeit für die andere da war, wenn sie gebraucht wurde.

Seit meiner Heirat hatte sich unsere Verbindung zwar etwas gelockert, doch sie war ein verläßliches Element in meinem Leben geblieben. Nach wie vor unternahmen wir viel gemeinsam, trafen uns beim Italiener um die Ecke, um Gespräche von Frau zu Frau zu führen, gingen manchmal ins Kino oder hielten eine Krisensitzung in dem verschwiegenen Bistro in der Altstadt ab. So war das mit uns – bis zu diesem Abend vor ungefähr einem Jahr...

Unsere Alltagserlebnisse waren ausgetauscht, die Pizzateller leer und die Karaffe mit Chianti bereits zum dritten Mal gefüllt. Das Licht der roten Kerze flackerte, schwermütige italienische Klänge hüllten uns ein. Wir saßen an demselben Ecktisch wie immer, auch die Kerze brannte jedesmal, und die Musik unterschied sich nicht von der, die wir an den vielen Abenden zuvor gehört hatten. Und doch war irgend etwas anders...

Irgendwann an diesem Abend versiegten unsere Worte, und wir hatten nur noch Blicke füreinander. Seltsam warme, aber irgendwie auch scheue Blicke. Und mit den Blicken wechselten diffuse Gefühle zwischen uns hin und her. In mir war plötzlich eine ungeheure Sehnsucht nach Zärtlichkeit, nach körperlicher Nähe. Und das Objekt meiner Begierde war nicht etwa Hartmut und auch kein anderer Mann, sondern meine Freundin. Ich sehnte mich danach, sie zu berühren, sie zu spüren. Wie sich ihr Körper wohl anfühlte? Weich und samtig stellte ich mir ihre Haut vor – überall ... Ich konnte mich gar nicht mehr losreißen von dem erregenden Gedanken, Anke zu küssen und zu streicheln.

Du spinnst, dachte ich dann in einem Anfall moralischer Selbstanklage. Du hast zuviel Wein getrunken. Schließlich bist du eine glücklich verheiratete Frau, und Anke ist deine beste Freundin! Ich merkte, wie Schamröte mein Gesicht überzog. Ein Glück, dachte ich, daß Anke nicht weiß, was in dir vorgeht!

«Ich bin heute abend allein zu Hause», sagte sie da. «Kommst du noch mit?»

Hatte sie etwa denselben Wunsch wie ich? Reiß dich zusammen, forderte ich mich abermals selbst auf. Eine Tasse Kaffee bei ihr zu Hause als Abschluß eines gemütlichen Abends – das ist alles, was sie dir anbietet. Mehr will sie nicht. Und mehr darfst auch du nicht wollen!

«Ich hatte nie zuvor an so was gedacht», sagte Anke danach zu mir, als wir nackt und in zärtlicher Umarmung auf ihrem Bett lagen, ermattet, glücklich und doch aufgewühlt. Später halfen wir uns gegenseitig in die Kleider, alberten herum, wieder ganz die zwei verschworenen Freundinnen, die wir seit Jahren gewesen waren. An der Tür ein tiefer Blick, ein langer Kuß.

Mein Herz klopfte bis zum Hals, als ich nach Hause lief. Nach Hause, zu Hartmut, meinem Ehemann. Meine Gedanken spielten verrückt. Was war passiert? Was hatte ich getan? War ich vielleicht lesbisch und hatte es bisher nur verdrängt?

Das Erlebnis mit Anke war ungeheuer aufregend gewesen, erotisierend, anders, neu. Wieviel Spaß hatte es mir bereitet, sie zu streicheln und zu küssen, auch an den intimsten Stellen ihres Körpers. Spaß und Lust. Dabei bin ich sonst eher zurückhaltend. Bei Hartmut war ich beinahe schon passiv. Und ich hatte mir nie vorstellen können, selbst aktiv zu werden bei einem Mann. Aber bei Anke war alles anders...

Bei Anke hatte ich überhaupt keine Angst gehabt, mich zu blamieren, mich ungeschickt zu verhalten, zu schnell oder zu langsam zu sein. Ihre Reaktionen zeigten mir, daß ich ihr unwillkürlich das gab, was sie sich ersehnte, und spornten mich an zu weiteren und immer hemmungsloseren Zärtlichkeiten. Und als ich ihre steigende Erregung spürte und dann ihre völlige Hingabe, war ich richtig glücklich. Meine Zärtlichkeiten waren es, die sie zum Orgasmus führten – ein ungeheuer schönes Gefühl, das meine eigene Lust in unerhörte Höhen trieb. Das Tollste aber war, daß ich schon beim ersten Mal meinen körperlichen Gefühlen absolut freien Lauf lassen konnte – ohne Zeitdruck, ohne irgendeinen Zwang. Vor allem ohne den selbstauferlegten Zwang, schnell zu reagieren, damit es dem anderen gefällt.

Nein, diese Liebesnacht war anders gewesen als alle vorherigen – ruhiger, zärtlicher und freier. Und jetzt, frage ich mich unsicher, was soll jetzt geschehen? Nur noch Anke? Nur noch eine Frau? Nein, das wollte ich nicht. Ich wollte mit einem Mann zusammenleben – mit Hartmut. Ich wollte weiter seine Frau sein und seine Geliebte. Doch das mit Anke, das wollte ich auch. Wir haben uns Treue geschworen, Hartmut und ich, durchfuhr es mich plötzlich siedendheiß. Und nun hatte ich mit einer Frau geschlafen, hatte mich ihr hingegeben, mich ihren zarten, weichen Händen, ihren Küssen geöffnet. Hatte ich also meinen Treueschwur gebrochen?

Eigentlich müßte ich ein schlechtes Gewissen haben, dachte ich, als ich gegen Morgen noch immer grübelnd neben Hartmut im Bett lag, doch weder Schuld- noch Schamgefühle wollten sich einstellen. Nein, ich hatte Hartmut nicht betrogen. Ich hatte nichts getan, was unsere Liebe und unser Liebesleben berührte. Ich fühlte mich nicht schlecht und auch nicht schuldig. Dazu war diese Nacht einfach zu schön gewesen.

«Wie war's?» fragte mich Hartmut beim Frühstück.

«Schön», entgegnete ich und sah ihn offen an.

Abends liebten wir uns. Ein reizvoller Gegensatz zu der Nacht zuvor. Hartmut war wilder, härter, dominierender, er bestimmte das Geschehen, war rauher in seiner Leidenschaft. Ich blieb passiv, ganz bewußt dieses Mal, und erlebte eine ganz andere Lust, eine ganz andere Erfüllung als mit Anke. Ich genoß meine und Hartmuts Lust. Ich war rundherum glücklich.

Nur der Gedanke an Anke nagte an mir. Ob sie unser Erlebnis bereute? Wie würde unser nächstes Treffen werden? Vielleicht peinlich? Verkrampft? Distanziert? Wir waren uns so nahe gewesen...

Und wenn sie diese Nähe nicht mehr wünschte? Aber *ich* wollte sie! Ich wollte Ankes Körper wieder spüren, hatte Lust, tausend Dinge auszuprobieren, die ihr Lust bereiteten. Ich wollte sie dort berühren, wo sie am empfindlichsten ist, wollte ihre Hingabe spüren. Jeder Gedanke an sie erregte mich inzwischen.

Eine Woche später: derselbe Italiener, derselbe Ecktisch, der gleiche Chianti, das Kerzenlicht, die wehmütigen Klänge – alles war wie immer. Neu aber waren die wissend-lächelnden Blicke zwischen Anke und mir, war das Kribbeln im Bauch und auf der Haut. Keine von uns brauchte etwas zu erklären. Wir wußten beide, daß unsere Freundschaft sich verändert hatte.

Wir haben wieder miteinander geschlafen – nicht nur an diesem Abend. Trotz unserer immer wiederkehrenden Lust, einander zu berühren, ist unsere Verbindung zwanglos geblieben. Ein gemeinsam verbrachter Abend kann ebenso im Kino wie in ihrem Bett enden. Alles kann passieren, jederzeit, aber nichts muß, und das gefällt uns beiden so.

Hartmut habe ich nichts davon erzählt, daß meine Beziehung zu Anke sich so grundlegend verändert hat. Ich fürchte weniger sein Entsetzen als die Möglichkeit, daß er Gefallen daran finden könnte, meine

Freundin in unser Sexleben einzubeziehen. Sex mit zwei Frauen – welcher Mann träumt nicht davon? Ich habe an sich nichts gegen die Vorstellung, bin mir aber sicher, daß meine Unbefangenheit und meine aktive Rolle gegenüber Anke dabei verlorengingen. Das erotische Geschehen wäre ohne Zweifel auf ihn, den Mann, ausgerichtet. Nein, ich möchte es bei der Trennung belassen. Und ich möchte auf keinen von beiden je verzichten – nicht auf meinen Ehemann und nicht auf meine Geliebte.

Rita

«Die männlichen Bedürfnisse
in mir»

*Anders als Barbara entdeckte Rita, eine 25jährige Dol-
metscherin, die im Ruhrgebiet lebt, ihre gleichgeschlechtlichen Bedürfnisse schon als Jugendliche. Doch auch sie
mußte Zeiten der Orientierungslosigkeit durchstehen, bevor sie ans Ziel ihrer bisexuellen Wünsche kam.*

*Ich führte mit Rita ein langes Telefonat, das ich zu dem
folgenden Bericht zusammenfaßte, der vor allem in einem
sehr typisch für das Fühlen bisexueller Menschen ist: in der
Vorstellung, weibliche und männliche Züge in sich zu
vereinen. Während bisexuelle Männer ebendiese Ambivalenz in ihren Empfindungen oft als bedrohlich empfinden,
sehen Frauen es häufig als Bereicherung an, gleichsam ein
Stück männlichen Fühlens in sich zu tragen.*

Schon in meiner Kindheit entdeckte ich in mir gleichermaßen männliche wie weibliche Bedürfnisse

und Verhaltensweisen. Ich wehrte mich früh gegen eine fest definierte Rolle. Natürlich habe ich es genossen, ein Mädchen zu sein – mit allem, was dazugehört: sich hübsch machen, sich beschützen lassen, häuslich sein und vieles mehr. Andererseits gab es da aber auch ganz deutliche männliche Bedürfnisse in mir: Ich spielte Fußball, war wild und stand in vorderster Front, wenn es irgendwelche Gefechte auszutragen gab.

Diese Ambivalenz hielt auch in der Pubertät an. Ich war ganz hübsch, hatte etliche Verehrer, und es gefiel mir, von ihnen umschwärmt zu werden, zum Essen ausgeführt zu werden, begehrt und verführt zu werden. Doch genauso stark war das – ungestillte – Bedürfnis, selbst zu verführen, zu umschwärmen, und mir war klar, daß es dabei nicht um einen Mann gehen konnte.

Lange Zeit habe ich diese widersprüchlichen Empfindungen weggeschoben, sie paßten ja so ganz und gar nicht in diese Zeit und in mein Leben. Heute weiß ich, daß diese entgegengesetzten Gefühle sich gar nicht ausschließen. Sozusagen aus der Not heraus begann ich, in meinen Männerbekanntschaften den aktiven Part zu übernehmen. Doch das war für beide Beteiligte ein unbefriedigendes Unterfangen. So reduzierte ich mich schließlich selbst auf das schwache, führungsbedürftige Weibchen, das die Männer in mir suchten.

In einer Zeit des sexuellen Unzufriedenseins machte ich die Bekanntschaft eines lesbischen Pärchens. Ich fand es toll, wie die beiden miteinander umgingen. In dieser Beziehung gab es eine klare Rollenverteilung: Eine der beiden hatte den männlichen, die andere den weiblichen Part inne. Ich identifizierte mich sofort mit der ersten und beneidete sie glühend – um die Gelegenheit, als Frau die männliche Seite in sich selbst mit einer Frau ausleben zu können. Zumindest habe ich mir das zuerst so vorgestellt.

Doch dann merkte ich, was diese Frau ganz erheblich von mir unterschied: Sie versuchte, alles Weibliche abzustreifen, um nicht von Männern – sie haßte Männer! – als Frau wahrgenommen zu werden. Nein, das war es auch nicht, was ich wollte und suchte.

Ich habe es dann erst mal aufgegeben, in dieser Richtung einen Weg für mich zu finden. Meine sexuellen Wünsche blieben indessen unverändert. Immerhin fand ich, als ich zwanzig Jahre alt war, einen Mann, den ich auch heute noch über alles liebe und der meine weiblichen Bedürfnisse voll und ganz zu befriedigen versteht.

Mit ihm habe ich auch zum ersten Mal über diese andere Seite in mir gesprochen, habe mein Bedürfnis formuliert, mit einer Frau sexuell zusammenzusein. Er reagierte sehr verständnisvoll. Nicht etwa nach dem Motto: Na toll, dann laß uns einen Dreier versuchen – sondern er ging auf mich ein und versuchte mich wirklich zu verstehen.

Meine Partnerschaft war sexuell unglaublich befriedigend. Dennoch wuchs der Wunsch in mir, auch eine andere Frau so glücklich zu machen wie meinen Mann. Es war also nie so, daß ich aus sexueller Frustration oder dergleichen Lust darauf bekam, mit einer Frau zusammenzusein. Es war einfach von jeher mein Bedürfnis gewesen, nicht nur als Frau von einem Mann geliebt und befriedigt zu werden, sondern als Frau auch eine andere Frau zu lieben.

Im Sommerurlaub 1990 passierte es dann. Ich hatte meine Ausbildung zur Dolmetscherin abgeschlossen und das dringende Gefühl gehabt, mir nach all dem Streß etwas Entspannung gönnen zu müssen. Mein Mann war beruflich unabkömmlich, also buchte ich einen Solo-Urlaub in einem Ferienclub. Viel Sonne, ein schöner Strand, Morgengymnastik der Schönheit wegen, Tagesausflüge der Bildung wegen und abends die Partys am Strand des Hormonspiegels wegen – Deutschland, mein Mann, der vergangene Streß, all das war weit weg. Im Ferienclub wurde auf Teufel komm raus geflirtet, einem kurzfristigen Sexabenteuer schien niemand abgeneigt. Auch ich war es nicht. Aber da war kein Mann, der mir besonders gefiel.

Und dann diese Nacht, nach der ich neben einer Frau aufwachte. Die Mondscheinparty ging zu Ende. Die sommernächtliche Stimmung, der spanische Rhythmus und die eisgekühlte Sangria hatten mich heiß gemacht. Ich hatte Lust auf Zärtlichkeiten, auf Sex. Die meisten Urlaubsgäste waren schon gegangen, die Nacht war halb vorüber, aber ich hatte immer noch Lust zu tanzen. Eine machte mit: Ulrike.

Der Sand unter unseren Füßen, das Meer im Hintergrund, der Sternenhimmel. Alles schien zeitlos, losgelöst. Die Bewegungen der Frau turnten mich an, ihre Haut lockte mich, und sie schien nur darauf zu warten, daß ich den ersten Schritt tat. Die Zärtlichkeiten kamen wie von selbst...

Sanft, aber bestimmt führte ich meine Eroberung gegen Morgen in meinen Bungalow. Es gab nicht einen Moment des Zweifels oder der Beklemmung. Auch kein schlechtes Gewissen – nur Lust. Das Erlebnis mit Ulrike war umwerfend. Endlich konnte ich all das ausleben, wovon ich Jahre nur geträumt hatte: einer Frau gegenüber die treibende Kraft sein in der Liebe, sie verführen und führen. Erst das Erlebnis mit Ulrike machte mich zur vollkommenen Frau.

Meine Angst, Ulrike könnte das Ganze als einmaliges Abenteuer begreifen, erwies sich ebenso als unbegründet wie meine Befürchtung, sie könnte eine Exklusivbeziehung erwarten. Ulrike ging es wie mir, auch wenn sie sich dessen vorher nicht bewußt gewesen war. Sie wollte die Beziehung mit ihrem Freund fortsetzen, sich aber auch mit mir regelmäßig treffen.

Das einzige Problem sind die zweihundert Kilometer, die uns derzeit noch trennen. Trotzdem sehen wir uns mindestens einmal in der Woche und jedes zweite Wochenende.

Mein Mann freute sich aufrichtig mit mir, als ich ihm nach dem Urlaub erzählte, was vorgefallen war. Und er hat seither nie auch nur den Anflug von

Eifersucht gezeigt, wenn Ulrike mich besuchte oder ich zu ihr fuhr. Er gönnt mir die lustvollen Stunden, die ich mit meiner Freundin verlebe. Er weiß ja nur zu gut, wie lange ich mich nach der Form der Erotik gesehnt habe, die mich mit ihr verbindet. Ich bin froh, daß ich ihm schon lange, bevor «es» geschah, meine Bedürfnisse anvertraut hatte.

Größere Schwierigkeiten mit der Situation hat Ulrikes Freund. Er ist rasend eifersüchtig, gebärdet sich manchmal, als wäre ich ein gefährlicher Nebenbuhler, mit dem er sich am besten duellieren würde. Leider hat er noch immer nicht verstanden, daß Ulrikes Liebe zu mir die zu ihm nicht schmälert, sondern sie vermutlich sogar bereichert. Aber ich denke, er wird es schon noch begreifen...

Renate

«Ein Mann kann mir viel,
aber nicht alles geben»

Renate, eine 27jährige Sekretärin aus Berlin, schickte mir die folgende Geschichte. Auf meine Frage, ob sie sich in der geschilderten Frau selber dargestellt habe, nannte sie das Szenario «halb-autobiographisch».

Obwohl es ein wenig aus dem Rahmen fällt, soll es hier abgedruckt werden, da es sehr deutlich die Beweggründe widerspiegelt, die viele Frauen heute zur Bisexualität führen.

Die Tabus sind gebrochen, allesamt mit Bravour aus den Köpfen der Menschheit verbannt. Schwulsein? Kein Problem, auch wenn die Aids-Angst das Leben nicht gerade leichter macht. Liebe unter Peitschenhieben und in Ketten? Warum nicht, wenn's gefällt...

Überhaupt – erlaubt ist, was gefällt: Swingerpartys laden zum Rundum-Sex mit jedermann/-frau ein, und im heimischen Sonntagblättchen wird die geile Ehefrau für einen anonymen Parkplatzfick angeboten. Der Ehesklave Horst soll noch härter abgerichtet werden, gibt seine streßgeplagte Besitzerin im Anzeigenkurier der Vorstadt kund.

Wer genauer hinschaut, merkt: Tote Hose allerorten, gerade jetzt, wo alles geht. Die Übersättigung macht auch vor dem Sex nicht halt. Mal eben zum Callboy, weil die harte Nummer nicht ganz dem Geschmack des heimischen Liebhabers entspricht. Frau kann sich's leisten – finanziell und moralisch sowieso. Sich mit verbundenen Augen auf einer Kühlerhaube Fremden preiszugeben, sicher, das bringt für eine Nacht Würze ins eheliche Schlafzimmer, danach aber kehrt die Langeweile wieder ein.

Die Suche geht weiter, ruhelos und ratlos. Weitere Entdeckungen wollen gemacht werden, denn ohne die ist die Erotik eben langweilig.

Die Frauen kommen bei dieser Suche kaum zum Luftholen. Eben erst haben sie entdeckt, daß ihr Orgasmus ihr gutes Recht ist, eben erst laufen sie mit High-Heels und stolzen Blicken ins Sexkino und abonnieren «Playgirl», um dem Gatten zu demonstrieren, daß auch hier gleiches Recht für alle Geschlechter herrscht. Sie liegen mal unten, reiten mal oben, sie lassen sich gern begehren, wissen aber auch Rat, wenn das Begehren dann und wann schwächer wird. Sie sind jeder erotischen Situation frauhaft gewachsen. Und doch: Was bleibt, ist die Gier, die Lust auf mehr, auf den Überraschungsmoment, dem man/frau dann oft gar nicht gewachsen ist.

Soll das alles gewesen sein?

Die Erleuchtung kommt eines Nachts – oder auch an einem Morgen –, während er gehorsam zwischen ihren Beinen kniet und bemüht ihren Kitzler leckt. Gut gelernt, Mann! Sie genießt, wenn auch nicht schrankenlos, denn irgendwie fühlt sie sich schuldig, obwohl sie inzwischen an das Motto «Gleiches Recht für alle» glaubt. Sie merkt, wie gern er jetzt einfach in sie eindringen und frei von jeder Verpflichtung zustoßen würde, ganz Mann, ganz Tier, ganz Trieb. Aber er hat ja seine Lektion gelernt: Die Frau erwartet Zärtlichkeit und will nicht unter seinem Machtinstrument Schwanz leiden. Plötzlich kommt er ihr fast lächerlich vor, wie er da kniet und seine Zunge kreisen läßt, als wäre er ein übereifriger, zu gut abgerichteter Hund. Ist das noch ein Mann?

Ein Mann, ein richtiger Mann, denkt sie auf einmal und schließt die Augen – nicht weil seine Zunge jetzt schneller kreist, sondern weil die Lösung so nahe scheint. Einer, der mich vor Leidenschaft hemmungslos auf die Matte wirft, keine Zeit mehr findet, den Büstenhalter aufzuknöpfen, ihn einfach herunterreißt, wild und gierig an meinen Brustwarzen saugt, meine Schenkel spreizt, ein bißchen grob, weil er so geil darauf ist, in mich einzudringen. Und dann: harte Stöße, Stöhnen, schweißnasse Leiber, die aufeinanderklatschen, heißer Atem an meinem Hals. Die Bilder in ihrem Kopf werden immer deutlicher.

Sie stöhnt auf. Der gehorsame Leckdiener zwischen ihren Beinen bezieht's auf seine Zungenkunst und lächelt dankbar. Sie schiebt ihn unwirsch von sich weg. Ein Mann, denkt sie, ein richtiger Mann!

Anderntags geht sie mit einem neuen Blick für die Bauarbeiter mit ihren behaarten Brüsten und den schwellenden Muskeln unter ihrem Hemd durch die Straßen, verharrt mit weichen Knien vor dem Kinoplakat mit Mickey Rourke. Im Vorbeigehen hört sie aus einer Tür Grönemeyers «Wann ist ein Mann ein Mann» und denkt: Bestimmt nicht, solange er Angst hat, daß ihr die Ausstrahlung und der Geruch einer läufigen Hündin anhaften könnten.

Ein paar Tage später zieht sie sich rote Unterwäsche an, schminkt sich so grell, wie es ihre Mutter einst tat, und setzt sich mit aufreizenden Bewegungen auf einen Hocker der schäbigsten und heruntergekommensten Bar im Bahnhofsviertel. Männer gibt's hier genug. Sie wartet, will sehen, ob einer kommt, der so aussieht, als könne er halten, was sie sich von ihm verspricht. Der billige und schnell heruntergestürzte Alkohol vernebelt ihre Sicht.

Bald ist Mann nur noch Mann, und als schließlich zwei starke Arme sie umfassen, läßt sie sich dankbar sinken. Sie gleitet vom Barhocker, zupft an ihrer Frisur, lächelt in die Runde und verschwindet hinter dem Fremden in die kalte Nacht.

Die Absteige nebenan ist sein Ziel. Ihr ist es recht, zumal es in ihre Phantasie paßt: Sex pur. Kein Vorher, kein Nachher und nichts von diesem ganzen

Beziehungskistenquatsch. Zur Sache, und zwar schnell und richtig bitte!

Er tut, was er kann. Das ist nicht viel, aber das Wesentliche. Er zerrt an ihren Kleidern, knetet ihre Brüste, so unsensibel, daß es weh tut. Sie findet's trotzdem – oder gerade deshalb – geil.

Er drückt ihren Kopf herunter zu seinem Schwanz. Sie nimmt ihn in den Mund. Nur für einen Augenblick erfüllen sie der ranzige Geschmack, der herbe Geruch mit Widerwillen, der schnell von der Gewißheit übertönt wird: So riecht ein Mann!

Sein Griff zwischen ihre Beine kommt unvorbereitet, aber wie selbstverständlich. Das gefällt ihr. Kein langes zärtliches Vortasten, kein vorsichtiger Blick zwischendurch: Ist es dir auch recht so?

Er weiß, was er will: sie so schnell wie möglich vögeln. Sie stellt willig die Beine auf. Er ist erregt, aber konzentriert, schaut an ihr vorbei in eine unbestimmte Weite, als er in hartem, gleichmäßigem Rhythmus zustößt. Dann ein keuchender Befehl: «Dreh dich um!» Sie versteht nicht, er lacht, zwingt sie auf den Bauch und drückt ihren Arsch nach oben. Ihr verschlägt es den Atem, als er sein hartes Glied zwischen ihre Backen drängt. Sie schreit auf, glaubt, daß ihre Gedärme zerreißen, gibt ihr Wimmern schließlich auf, da sie nun sein lustvolles Stöhnen und Keuchen hört. «O du geiles Stück, gleich komme ich!» Und dann stöhnt sie mit, läßt sich mitreißen auf eine Welle triebhafter Besessenheit.

Sie zieht sich schnell an danach. Nicht weil sie bereut, sondern weil sie alles mitnehmen will, den

Schmerz, das Gefühl und die Befriedigung, ganz als Frau verstanden und behandelt worden zu sein. Worte danach würden nur relativieren, zerstören.

Zu Hause läßt sie das Erlebte Revue passieren, mit den Fingern zwischen den Beinen. Endlich ist sie wieder daran erinnert worden: So vögelt ein Mann!

Ein paar Wochen treibt sie es so. Alle paar Nächte. Und sie blüht auf. Sex ist Trumpf, und hemmungslose Männer sind selten, deshalb muß jede Minute mit ihnen ausgekostet werden.

Doch dann, so will es die menschliche Natur, schleicht sich Unzufriedenheit in ihr Gemüt und ihren Körper. Irgend etwas fehlt: Zärtlichkeit, Streicheleinheiten, Liebesgeflüster. Du lieber Himmel, davon hatten wir doch genug! Oder nicht?

Sie ist irritiert, stärker noch als vor ihren nächtlichen Ausflügen. Was will, was braucht sie denn nun? Sie will den willigen, zärtlichen Softie nicht. Sie will den wirklichen Mann, seine Leidenschaft und Härte – aber sie will auch die Zärtlichkeit. Sie will nicht nur geben, sondern auch nehmen.

Die Erleuchtung kommt ihr im Kino, bei einer lesbischen Szene. Zwei Frauen im Bett, diesmal Zärtlichkeiten pur, viel Gekuschel, Geflüster. Hände und Zungen an den richtigen Stellen, zur richtigen Zeit und lange genug.

Sie läuft aufgeregt und doch irgendwie erleichtert nach Hause. Die Lösung ist so einfach. Sie will einen

Mann und eine Frau! Nur so bleiben keine Wünsche offen.

Sie geht fieberhaft die Anzeigen im Kontaktblättchen durch, schreibt Briefe und schwelgt in den Nächten in Phantasien.

Und dann kommt das erste Mal mit einer Frau. Alles ist ein wenig schwieriger als angenommen, weil Frau doch Frau ist und deshalb alles gleichsam wie von selbst laufen müßte. Tut es aber nicht. Hemmungen müssen überwunden werden.

Doch dann ist alles so wie bei Hamiltons zärtlichen Cousinen. Zeitlose Zärtlichkeit, ein Ineinanderverschmelzen, spielerische Körperlichkeit. Und am Ende einer langen Nacht erhebt sie sich wie von den Göttern geküßt, taumelt in ihr Bett zurück und sinkt mit verklärtem Gesicht in die seidenen Kissen.

Morgen wird ein anderer Tag kommen, eine andere Nacht, ein anderer Sex. Sie weiß: Morgen werde ich einen Mann brauchen – einen Mann voller sexueller Gier und Hemmungslosigkeit. Dann erst werden all ihre Sinne Ruhe geben, das weiß sie.

Und im Einschlafen denkt sie: Wie konnte es nur so lange dauern, bis ich einsah, daß der Mann, auch der wirkliche Mann nicht alles sein kann. Er gibt mir viel, aber längst nicht alles. Und das, was er mir nicht geben kann, werde ich mir fortan bei einer Frau holen...

Manfred

«Mit der Ehefrau und dem Freund unter einem Dach»

Manfred ist eine Ausnahmeerscheinung unter den bisexuellen Männern, die ich traf. Er ist einer der wenigen, die ihre Neigung wirklich angstfrei ausleben können.

Er meldete sich auf meine Anzeige, wollte allerdings einen Rückzieher machen, als er erfuhr, mit wem er es zu tun hatte. Wir kannten uns nämlich persönlich: Er ist Ressortleiter bei einer großen Illustrierten und hatte mich vor einigen Jahren interviewt.

Auch diesmal war es ihm eigentlich mehr darum gegangen, etwas über meine Recherchen zu erfahren, als über seine eigene Sexualität zu reden. Das Thema, mit dem ich mich da beschäftigte, so sagte er mir am Telefon, interessiere ihn schon seit längerem.

Doch ich witterte, daß sein Interesse nicht nur journalistischer Art war und er vielleicht selbst etwas zu meinen Recherchen beizutragen hätte. Ich erinnerte mich, daß er damals von seiner Familie erzählt hatte, wußte aber auch um das Gerücht, er sei schwul. Ich erzählte ihm, wie schwierig es sei, verheiratete bisexuelle Männer zum Sprechen zu bringen. Da lachte er nur und sagte, das sei ihm klargewesen. Wir waren uns über die Ursachen schnell einig, kamen ins Plaudern, und nach längerem Hin und Her willigte er in ein Interview ein.

Es war das erste Mal, daß er einer fremden Person Auskunft über sein Sexualleben gab. Manfred ist 49, seit 29 Jahren verheiratet, hat zwei erwachsene Kinder – der Sohn feierte seinen 29. Geburtstag, die Tochter ist 27 –, und seit seinem 22. Lebensjahr hatte er drei feste Beziehungen zu Männern. Die letzte dauert seit fast 15 Jahren an.

Auf seine Bitte hin gebe ich das Interview mit ihm – anders als die anderen Gespräche – in der originalen Frage-und-Antwort-Form wieder.

Die Tatsache, daß Ihr Sohn im Jahr Ihrer Eheschließung geboren ist, läßt darauf schließen, daß Sie eine Muß-Ehe eingegangen sind . . .

O nein, das war kein Muß. Im Gegenteil! Ich liebte – und liebe – Astrid von ganzem Herzen. Daß sie schwanger war, war die einzige Möglichkeit, unsere Eltern dazu zu bringen, unseren Heiratsplänen zuzustimmen. Wir hatten uns drei Jahre vorher in der Tanzschule kennengelernt und uns Hals über Kopf ineinander verliebt. Sexuell war da lange nichts gelaufen. Wir hatten ja auch keine Gelegenheit. Wir wohnten schließlich beide noch zu Hause. Ich war im zweiten Jahr meines Volontariats, und Astrid hatte eben ihre Lehre als Apothekenhelferin abgeschlossen.

Daß wir heiraten würden, hatten wir schon beschlossen, als wir uns erst ein halbes Jahr kannten. Sie war meine erste «feste» Freundin, und ich war ihr erster Freund. Es war eine wunderbare, eine ungeheuer romantische Zeit. Ich machte ihr den Hof und hielt an meinem 18. Geburtstag offiziell um ihre Hand an. Ihr Vater machte sofort unmißverständlich klar, daß wir uns zwar verloben dürften, mit der Heirat allerdings warten müßten, bis ich es «zu etwas gebracht» hätte.

Das hört sich alles ungeheuer konventionell an. Haben Sie denn wirklich die ganze Zeit über nur Händchen gehalten?

Eigentlich ja. Wir hatten es nicht besonders eilig. Das war damals noch eine andere Zeit. Wir waren viel prüder und unaufgeklärter als die heutige Jugend. Das erste Mal küßten wir uns beim Abschied nach unserem Abschlußball. Das war schön. Ansonsten genügte es uns, über die – natürlich rosige – Zukunft zu reden.

Ich war genauso unerfahren wie Astrid. Mädchen hatten mich nicht besonders interessiert, bis ich sie kennenlernte. Jungen übrigens auch nicht. Auch da war sexuell absolut nichts gelaufen, kein gegenseitiges Onanieren oder so.

Wie ist Ihre Frau denn da schwanger geworden?

Das kann ich Ihnen erzählen (lacht). Ich erinnere mich noch sehr genau daran. Zu Silvester waren wir bei Tanzfreunden eingeladen, mitsamt Eltern. Weil die Party so langweilig war, beschlossen wir, zu mir nach Hause zu gehen, ein paar Platten aufzulegen und zu tanzen. Auf dem Weg kaufte ich noch eine Flasche Sekt und ein wenig Knabbergebäck – ein ungeheurer Luxus. Wir setzen uns ins Wohnzimmer, sprachen darüber, wie schön es wäre, wenn das unser Zuhause wäre. Wir streichelten uns, küßten uns, schmusten – und hatten dabei immer die Uhr im Auge, denn spätestens um zwei würden meine Eltern auf der Schwelle stehen. Und dann ist es passiert. Ganz natürlich und ungeheuer zärtlich. Astrid sagte mir, für sie sei es genauso schön gewesen wie für mich. Ich war glücklich.

Wir hatten gerade noch Zeit, uns hastig wieder anzuziehen, als meine Eltern auch schon hereinkamen. Ich war sehr stolz und sehr glücklich. Aber auch ein wenig ängstlich. Was, wenn Astrid schwanger geworden war? Vor lauter Angst wagten wir nicht, unser Erlebnis zu wiederholen. Drei Wochen später bestätigte sich unsere Befürchtung. Den Gedanken an Abtreibung verwarf ich sofort. Ich nahm all meinen Mut zusammen und vertraute mich meinen Eltern an. Vor allem mein Vater tobte zunächst, doch dann begleiteten mich beide zu Astrids Eltern und baten um gut Wetter. Fünf Wochen später durften wir – mit Erlaubnis unserer Eltern – heiraten, und im September kam Michael zur Welt, ein süßer kleiner Kerl.

Empfanden Sie Ihr Sexleben als befriedigend?

Oh, mehr als das. Wir wohnten allerdings noch anderthalb Jahre bei ihren Eltern, weil wir uns damals noch keine Wohnung leisten konnten. Sie glauben gar nicht, wie sehr wir uns eine eigene Wohnung wünschten! Astrids Mutter hatte so eine Art, in den unmöglichsten Momenten hereinzustürmen, ohne anzuklopfen – vor allem am Wochenende, wenn wir einmal Zeit füreinander gehabt hätten.

Aber zwischen Ihnen herrschte Harmonie?

Ja, nachdem ich endlich einen gutbezahlten Job hatte und wir in unsere eigene Wohnung gezogen waren, erlebten wir so etwas wie ständige Flitterwochen. Astrid war da schon mit Christine schwanger, hatte wieder aufgehört zu arbeiten, konnte sich wieder allein um Michael kümmern, den bis dahin unsere Mütter betreut hatten. Es war herrlich – bis zu Christines Geburt. Es gab Komplikationen, und seither hatte Astrid Schmerzen beim Verkehr. Ein halbes Jahr hielt ich mich zurück, dann sprach ich mit meinem Vater. Und der sagte, bei meiner Mutter sei es genauso gewesen, ich müsse halt Geduld haben.

Und die hatten Sie?

Eigentlich nicht. Und es gab eine Kollegin, die merkte, daß ich nicht besonders glücklich war, und mir mehr oder weniger deutlich Avancen machte.

Sie war nett – ja, und so ließ ich mich schließlich auf sie ein. Aber das war ein schreckliches Fiasko. Ich versagte kläglich und hatte außerdem Astrid gegenüber ein wahnsinnig schlechtes Gewissen.

Und da haben Sie sich Ihrer Frau anvertraut?

Nicht sofort – obwohl es mich belastete. Erst als ich wegen einer anderen Sache nervös wurde. Ein Jahr nach Christines Geburt hatte ich bei einer Reportage Christian kennengelernt, einen freiberuflichen Fotografen. Christian, das hatten mir natürlich schon alle Kollegen erzählt, war homosexuell. Verklemmt, wie ich war, war ich deshalb darauf bedacht, eine möglichst große Distanz zwischen uns zu legen, als wir in meinem Wagen zu dem Fototermin fuhren. Und richtig: Er duzte mich schon nach fünf Minuten und legte mir immer wieder wie zufällig die Hand auf den Oberschenkel. Ich wußte nicht, wie ich mich verhalten sollte. Es war mir peinlich. Am peinlichsten aber war, daß ich eine Erektion bekam. Ich war überzeugt, er müsse es merken.

Als ich den Tag überstanden hatte, war ich heilfroh – aber auch völlig durcheinander. Astrid bemerkte natürlich, wie verwirrt ich war, und um sie abzulenken, erzählte ich ihr von dem Annäherungsversuch meiner Kollegin.

Wie reagierte Ihre Frau?

Gelassen, äußerlich zumindest. Wie ich später fest-stellte, war ich viel zu sehr mit meinem Problem beschäftigt, um mir über sie Gedanken zu machen. Für mich erfüllte diese Lüge ihre Funktion. Wenn immer mir anzumerken war, daß ich ein Problem mit mir herumtrug, glaubte Astrid, es ginge um die andere Frau. In Wirklichkeit war es die Geschichte mit Christian, die mich nicht losließ.

Zwei Tage später bot er mir eine andere Fotoge-schichte an. Sie war gut, doch trotz meines berufli-chen Ehrgeizes versuchte ich sie auf einen Kollegen abzuwälzen. Der durchschaute das Manöver und meinte, ich hätte wohl Angst, «dem Schwulen auf den Leim zu gehen». Das wies ich empört zurück und behauptete, ich hätte eine wichtige private Ver-abredung. Christian, dem ich das ebenfalls erklärte, ließ nicht locker und schlug sofort eine Verschiebung des Fototermins vor.

Und da ist es dann passiert?

Nein, noch längst nicht. Aber unser Kontakt wurde enger. Christian versorgte mich ständig mit Ge-schichten, mit guten Geschichten – gut für meine Karriere. Bei unserem vierten Termin sagte er, ich müsse keine Angst haben, er werde mir gewiß nichts tun. Da haben wir uns zum ersten Mal über seine Homosexualität unterhalten. Und es gelang ihm so-gar, meine Vorurteile ein bißchen abzubauen. Denn, ehrlich gesagt, ich hatte vor Schwulen mehr Angst als vor dem Teufel.

Bedenklich war nur, daß ich gegenüber Astrid – inzwischen hatte sie wieder ein wenig mehr Spaß am Sex – kein Wort über Christians Veranlagung verlor. Und als mich der Fotograf zu einem seiner berühmt-berüchtigten Atelierfeste einlud, sagte ich Astrid nicht, daß sie mit eingeladen war.

Wußten Sie denn da schon, daß Sie sich in ihn verlieben würden?

Nein. Aber ich war eifersüchtig.

Wie das?

Astrid hatte wieder zu arbeiten begonnen, nachdem Christine ein halbes Jahr alt war. Inzwischen war ein neuer Apotheker eingestellt worden, über den getuschelt wurde, er sei schwul. Sie erzählte mir das zunächst sehr abfällig. Doch nach einer Woche hieß es nur noch «Karl hier und Karl da». Karl holte sie morgens mit dem Auto ab und brachte sie abends nach Hause. Manchmal machte er den Kindern Geschenke. Die beiden hatten sich so sehr angefreundet, daß ich mich hin und wieder richtig ausgeschlossen fühlte. Würde sie Christian kennenlernen, so befürchtete ich, könnte sie den auch für sich vereinnahmen.

Es war richtige Eifersucht. Denn Christian war der erste Mann, den ich wirklich als Freund betrachtete. Wir hatten uns, nachdem ich meine dummen Vorurteile überwunden hatte, über Gott und die Welt unterhalten. Ich hatte ihm von Astrid und den Kindern erzählt, sogar über meine sexuellen Schwierigkeiten hatte ich mit ihm sprechen können. Und bei dem Atelierfest hatte er mir auch seinen derzeitigen Freund, einen jungen Tänzer, vorgestellt.

Hatte Christian das sexuelle Interesse an Ihnen verloren?

Nein, er hatte beschlossen, einfach abzuwarten, wie er mir später gestand. Zwischen Astrid und mir lief es allerdings sexuell wieder so gut, daß ich überhaupt keinen Gedanken daran verschwendete – zunächst.

Wann und wie ist es dann passiert?

Nach etwa einem Jahr. Wir hatten einen Termin in München gehabt und den letzten Flieger verpaßt. Mit dem Zug zu fahren hätte nichts gebracht, so gingen wir erst einmal essen und suchten uns dann ein Hotel. Jeder ging auf sein Zimmer, weil wir schnell zu Hause anrufen wollten, um uns dann noch auf einen Drink an der Bar zu treffen.

Ich telefonierte noch mit Astrid, als es an der Tür klopfte. Christian weinte. Sein Freund hatte Schluß mit ihm gemacht. Weil ich nicht mit einem weinenden Mann an der Bar aufkreuzen wollte, bestellten wir uns etwas aufs Zimmer, und ich versuchte, Christian zu trösten. Er umarmte mich, schien Halt zu suchen bei mir. Und ich vergaß, wer er war und wo wir uns befanden. Ich konnte mich seiner aggressiven, fordernden Zärtlichkeit nicht entziehen. Es war wie ein Rausch.

Irgendwann schliefen wir erschöpft ein. Erst als das läutende Telefon mich am Morgen weckte, wurde mir bewußt, was geschehen war. Ich fühlte mich furchtbar mies. Als Christian mich küssen wollte, stieß ich ihn von mir. Ich schloß mich im Bad ein, duschte eiskalt und seifte mich wie ein Wahnsinniger ab. Trotzdem fühlte ich mich schmutzig, besudelt.

Die folgenden Stunden und Tage waren wohl die schlimmsten meines Lebens. Christian reagierte ausgesprochen klug. Er hielt auf dem Rückflug Distanz und verabschiedete sich dann von mir nur mit einem knappen Kopfnicken. Ich weiß nicht mehr, wie ich über den Tag gekommen bin, ich hatte schreckliche Angst, abends meiner Frau gegenübertreten zu müssen. Ich war sicher, sie würde mir ansehen, daß ich sie betrogen hatte – mit einem Mann! Doch dann war alles wie immer: Astrid kümmerte sich um die Kinder, machte Abendessen, fragte, wie es in München gewesen sei, und erzählte, was sie während des Tages erlebt hatte.

Doch ich konnte nicht aufatmen. Ich war viel zu aufgewühlt, fragte mich wieder und wieder, wie das bloß hatte passieren können. Nichts in meinem bisherigen Leben hatte schließlich auch nur den geringsten Hinweis darauf gegeben, daß ich homosexuell sein könnte. Tagsüber hatte ich mich in der Redaktion mit der einschlägigen Literatur beschäftigt, aber keine Antwort auf meine drängenden Fragen gefunden.

Irgendwann an diesem Abend erkundigte ich mich

bei Astrid, wie es denn Karl ginge, ihrem angeblich schwulen Kollegen. «Ach, der ist mal wieder unglücklich verliebt», erwiderte sie. «Er sucht sich aber auch immer die falschen Freunde.» Das kam so selbstverständlich, daß es mich provozierte, und ich fragte, woher denn ausgerechnet sie wissen wolle, welche Freunde die richtigen seien für einen homosexuellen Mann. «Na, ganz gewiß nicht die Draufgänger, in die sich Karl immer verguckt», entgegnete Astrid gelassen. Und dann beendete sie das Spiel – sie sagte mir auf den Kopf zu, daß ich eine Affäre mit einem Mann hätte. Meine zaghaften Versuche zu leugnen, wischte sie mit einem einzigen Satz beiseite: «Ich vertraue dir, und wenn du dich nun einmal in einen Mann verliebt hast, kann ich nichts dagegen unternehmen.» Ich schämte mich entsetzlich.

Waren damit Ihre Probleme gelöst?

Nicht ganz. Es bedurfte langer Gespräche, bis ich fähig war, mich zu meinen Gefühlen zu bekennen. Astrid hat mir sehr dabei geholfen. Sie wäre sogar bereit gewesen, sich scheiden zu lassen, falls ich das gewollt hätte. Da ich das nun gewiß nicht vorhatte, stellte sie mir nur eine Bedingung: Die Kinder durften nichts von meinem Doppelleben erfahren, und außerdem mußte ich mich verpflichten, niemals anonymen Sex in der Schwulenszene zu suchen.

Damit war alles geregelt. Christian war glücklich, und er war einverstanden mit seiner Rolle als heimlicher Liebhaber. Er wußte immer, wenn ich bei

Astrid und den Kindern war, und Astrid wußte immer, wann ich bei ihm war. Für die Kinder hatte Papa dann eben immer einen Geschäftstermin.

Sind Sie noch heute mit Christian zusammen?

Nein, aber wir sind noch immer sehr gute Freunde. Mein Verhältnis mit Christian dauerte sieben Jahre. Dann traf er einen anderen Mann, der bereit war, mit ihm zusammenzuleben. Ich litt sehr unter der Trennung. Und wieder einmal war es Astrid, die mir über diese schwere Zeit hinweghalf. Allerdings erinnerte sie mich ausdrücklich an mein Versprechen: Keine anonymen Begegnungen mit homosexuellen Männern!

Ist es Ihnen schwergefallen, dieses Versprechen zu halten?

Nein, überhaupt nicht. Schließlich ging es mir nicht um puren Sex. Ich brauche auch in der Beziehung zu einem Mann eine emotionale Komponente. Astrid weiß das – um so bewundernswerter finde ich ihre Haltung.

Astrid scheint ein sehr edelmütiger Mensch zu sein. War oder ist sie denn gar nicht eifersüchtig?

Als edelmütig würde sie sich wohl nicht gerade bezeichnen – eher als klug. Aber eifersüchtig ist sie – und wie! Schon als ich ihr davon erzählte, daß eine Kollegin mich zu verführen versucht hatte, hat sie innerlich gekocht, wie sie mir später gestand. In meiner Anfangsphase mit Christian war sie ungeheuer mißtrauisch, sie dachte zuerst, es ginge um eine andere Frau. Aber dann fiel ihr ein, wie pikiert ich jedesmal reagierte, wenn sie von Karl erzählte, und da, so erzählte sie mir später, sei ihr ein Licht aufgegangen: Es war ein Mann, der in meinem Kopf herumspukte. Einen Mann aber betrachtete sie nicht als wirklichen Konkurrenten, als keine Gefahr für unsere Ehe, da sie wußte, daß ich viel zu bürgerlich erzogen bin, um für so eine Beziehung meine Familie aufs Spiel zu setzen. Mir die Scheidung vorzuschlagen, sei ein taktischer Schachzug gewesen, eine Schocktherapie, alles andere als edel...

Ganz schön raffiniert.

Das ist übertrieben. Es war durchaus ein Risiko. Astrid wollte einfach unsere Ehe retten. Die Situation war keineswegs leicht für sie. Sie gab sich mit dem halben Mann zufrieden, das rechne ich ihr hoch an. Ich war dagegen ein fürchterlicher Egoist, habe sie in dieser schwierigen Phase allein gelassen mit ihren Problemen, war nur mit mir und meinen widersprüchlichen Gefühlen beschäftigt.

Fanden Sie denn nach Christian wieder einen Freund?

Sogar ziemlich schnell. Meine Beziehung zu Bernd dauerte allerdings nur drei Jahre. Bernd war ein Kollege, der nach München ging. Die Trennung von ihm nahm mich nicht so mit wie die von Christian. Danach habe ich versucht, mich ganz auf Astrid und die Kinder zu konzentrieren, und ein Jahr lang ist es mir auch gelungen.

Hat Ihnen da nichts gefehlt?

Nein. Astrid ist eine fabelhafte Frau. Und das in jeder Beziehung. Sie ist interessiert an vielen Dingen, sieht fabelhaft aus, und im Bett ist sie einfach klasse. Mir fehlte nichts in diesem Jahr.

Heißt das, daß Sie gar nicht mehr nach einem Mann gesucht haben?

Jedenfalls nicht bewußt. Als mir Jens, mein heutiger Freund, über den Weg lief, hatte ich überhaupt nicht die Absicht, mich auf eine Beziehung einzulassen. Er versuchte alles, mich herumzukriegen – aber ich blieb cool.

Wie ist es dann zu der Beziehung gekommen?

Dank seiner Hartnäckigkeit und Astrids Feinfühligkeit. Sie spürte, daß ich unruhig war, sprach mich darauf an und bestand dann darauf, Jens kennenzulernen. Es war Sympathie auf den ersten Blick. Seit diesem gemeinsamen Abend sind wir zusammen.

Bedeutet das, daß es zu dem berühmten Dreier kam?

O nein! Darauf würde sich Astrid nie einlassen. Es gab gemeinsame Abendessen, wir gingen zu dritt ins Kino oder ins Theater, aber im Bett gibt es für mich immer nur sie oder Jens. Auch heute, wo wir unter einem Dach leben. Nachdem die Kinder aus dem Haus waren – sie studierten beide in München –, schlug meine Frau vor, daß Jens zu uns zieht. Unseren Kindern haben wir anläßlich unserer Silberhochzeit die Wahrheit gesagt. Sie waren zunächst schockiert, zeigen aber inzwischen Verständnis.

Also alles bestens geregelt?

Ja, es könnte nicht besser sein.

André

«Nichts ist befriedigender
als der zielorientierte Sex
unter Männern»

Selten laufen für Bi-Männer gleichgeschlechtliche Beziehungen so positiv und alles in allem so unproblematisch ab wie für Manfred, den ich Ihnen im vorigen Kapitel vorstellte.

Die Erkenntnis, bisexuell zu sein, stürzt Männer – ganz anders als Frauen – häufig in eine Identitätskrise. Dies liegt zum einen zweifellos daran, daß die männliche Lust auf einen männlichen Körper als zutiefst unmännlich gilt (während es uns Frauen kein Mensch übelnimmt, wenn wir Gefallen an einem anderen weiblichen Körper haben – sage noch einer, wir hätten keine Vorteile im Leben!). Doch es hängt offenbar zum anderen auch damit zusammen, daß Bi-Männer an gleichgeschlechtlichen Beziehungen oft Maßstäbe anlegen, die sie von heterosexuellen Beziehungen her kennen – und damit Unmögliches erwarten.

In meinen Gesprächen habe ich immer wieder festgestellt, daß es einen bestimmten Typ von Bi-Mann gibt, der relativ wenig anfällig ist für solche Identitätszweifel: überdurchschnittlich gebildet, sozial etabliert, im vierten oder fünften Lebensjahrzehnt. Die Lust an der Bisexualität ohne eigenen Schaden auszuleben, erfordert in einer Gesellschaft, die diese Form der Sexualität ablehnt, offenbar ein gehöriges Maß an Abgeklärtheit und die rationale Auseinandersetzung mit den Problemen, die unweigerlich auftauchen.

Typisch für die Schwierigkeiten, mit denen sich gerade junge Bi-Männer konfrontiert sehen, erscheint mir die Geschichte von André. André, ein 21jähriger Student aus München, klang schon am Telefon recht nervös und fahrig. Als ich ihn dann traf, hatte ich den Eindruck eines sehr sensiblen, aber auch recht labilen und irgendwie noch ziemlich unreif wirkenden Menschen.

Ich habe mit André zwei persönliche Gespräche geführt. Seine Aussagen habe ich in dem folgenden Text zusammengefaßt.

Schwul bist du also, sagte ich mir eines Morgens vor dem Spiegel im Badezimmer. Und ich hatte Anlaß genug zu dieser Feststellung. Nebenan, im Schlafzimmer, lag er noch. Er, mit dem ich eine anstrengende, lustvolle und überaus befriedigende Nacht verbracht hatte. «Ich heiße André, bin 22 Jahre und homosexuell», erklärte ich meinem Spiegelbild. So wie ich es oft in der Fernsehwerbung gesehen hatte – allerdings ging es da schlimmstenfalls um das Geständnis, ein Hörgerät zu tragen.

An diesem Morgen ging es mir überwältigend gut

und gleichzeitig erbärmlich schlecht. Mein Leben schien aus den Angeln gehoben. Ich war mir fremd geworden, suspekt.

Bisher war alles so glatt, so konventionell verlaufen in meinem Leben: Gutes Abi, Studium, ein eigenes Appartement und ein schönes Auto, ein Elternhaus, das mich in allem großzügig unterstützte.

Aus und vorbei. Dort drinnen lag mit dem anderen Mann auch das Ende meines bisher so ruhigen und überschaubaren Lebens.

Von nun an gehörte ich einer Randgruppe an, war ich ein Außenseiter, von nun an würde es hart werden. Ich wußte das. Nach dieser Nacht schon. Keine Chance, mir selbst vorzumachen, es hätte sich um einen einmaligen Ausrutscher gehandelt. Das Erlebnis mit Rick hatte vielmehr den Erlösungseffekt: Das ist es, das genau!

Was es war? Vielleicht die aufregende Nüchternheit des Akts. Sex pur. Ohne Abschweifungen, ohne langes Vor- und Nachspiel, ohne Wenn und Aber. Reduziert könnte man es nennen – aber mir gefiel's. Konzentriert ist ein schöneres Wort dafür. Genau, die Konzentration auf das Wesentliche – das ist es, was mein Erlebnis mit Rick, mein erstes homosexuelles Erlebnis, ausgemacht hatte. Ficken und gefickt werden. Klingt hart, ich weiß schon – aber kein anderes Wort könnte es besser treffen.

Keine beschönigenden, verschleiernden Worte mehr. Keine langen Schwüre, keine Vorgaukelung von Liebe und ewiger Treue. Es ging um Sex und um sonst nichts. Und das war gut so, wirklich erlösend.

Als Rick am Abend zuvor befriedigt eingeschlafen war, saß ich noch lange im Sessel, ließ das Erlebnis mit ihm in mir nachwirken und mußte an das denken, was früher war. Erlebnisse mit Frauen zogen an mir vorbei.

Susanne, die erste Frau meines Lebens. Albernheiten, Unsicherheit, verkrampftes, schüchternes Vortasten. Die Angst, ihr weh zu tun, die Angst, nicht gut zu sein, sie nicht zum Orgasmus zu bringen, das Vorspiel zu kurz gestaltet zu haben. Und irgendwann wurden diese Ängste übertönt durch meine Lust, die Gier, in sie hineinzustoßen, an nichts mehr denken zu müssen, nichts mehr fühlen zu müssen außer dieser Gier, die mich trieb, immer weiter...

Schon bei Susanne hatte ich es kennengelernt: das Pflichtgefühl. Man durfte sich danach nicht einfach umdrehen, eins mit sich selbst – obwohl mir genau danach zumute war. Nein, ich mußte sie in den Arm nehmen, sie weiter streicheln. Schließlich «weiß man», daß sie alle genau das erwarten. Fragen, ob es schön war. Sagen, daß es schön war. Von morgen reden, von der Ewigkeit, von Liebe und Glück, von ihrer Einzigartigkeit. Und dabei das wirklich phantastische Gefühl, ermattet und sexuell befriedigt zu sein, verdrängen, weil es sie vielleicht kränken, als Egoismus interpretieren könnte. Lügen.

Und dann Rick. Keine Gefühlsschnörkel. Alles ist zielgerichtet: die Lust, die Befriedigung. Und am Tag danach brauchte ich nicht zu überlegen: Rufe ich heute an, schick' ich Blumen?

Doch zwei oder drei Tage später machte sich eine unendliche Einsamkeit in mir breit. Warum ließ Rick sich nicht hören, wie versprochen? Ich stellte fest, daß ich mich nach ihm sehnte, nach seinem Körper, seinem Sex und war völlig irritiert.

Abends hielt ich die Einsamkeit und die Lust nicht mehr aus, und ich ging in eine Schwulenkneipe. Ein großer Blonder nahm mich mit in seine Wohnung. Ich ließ mich treiben, es mit mir treiben und fand es geil. Die Einsamkeit danach – im eigenen Bett – war allerdings größer als zuvor.

Rick erfuhr von meinem nächtlichen Abenteuer und war sauer. Ich stellte erstaunt fest, daß so etwas wie Eifersucht anscheinend auch in Schwulenbeziehungen existiert. Wir hatten eine Aussprache – an Härte kaum zu überbieten –, landeten aber schließlich wieder zusammen im Bett. Er war ziemlich aggressiv, ließ sich von mir sexuell bedienen. Ich begriff, wie es Frauen geht, wenn sie sich als Sexobjekt mißbraucht fühlen. Aber irgendwie genoß ich auch die Rolle des sündigen Fremdgängers, der von seinem Besitzer bestraft wird.

Am nächsten Tag das schon vertraute Warten. Diesmal auch den Abend über, weil ich nicht wagte, ihn nochmals durch eine Fremdaktion zu reizen. Er trieb die Qual auf die Spitze – erst am übernächsten Tag meldete er sich, verlangte meine sofortige Bereitschaft, und ich kam seiner Aufforderung nach. Er merkte, daß er zu weit gegangen war und ich auf dem Absprung war, und war auf einmal verdammt zärtlich, ließ sich Zeit, dosierte seine und meine Lust bis zur ekstatischen Erregung, bearbeitete mich mit den Händen, dem Mund und sehr, sehr aufregend mit seinem Glied. Ich fühlte mich verstanden und glücklich, schlief in seinem Arm ein und merkte, daß ich verliebt war.

Obwohl er mir versprochen hatte, mich am nächsten Abend wieder anzurufen, quälte mich den ganzen Tag über Eifersucht. Ich stellte mir vor, daß er es mit einem anderen trieb, fand meine Angst lächerlich und wurde noch unsicherer und wütender. Mädchen riefen an. Freundinnen von früher, sie waren mir fremder als Marsbewohner, nur ein Name tobte durch meinen Kopf: Rick.

Ich mußte über ihn reden, um ihm nahe zu sein, rief meine Mutter an und erzählte ihr, ohne Umschweife, daß ich schwul sei. Sie brach am Telefon zusammen, flehte, ich möge ihr das nicht antun. Doch ich versuchte ihr klarzumachen, daß es für mich kein Zurück gäbe, und erzählte ihr von Rick. Als das Wort «Liebe» aus meinem Mund kam, stockte ich allerdings selbst.

Rick rief an und verabredete sich mit mir in seiner Stammkneipe. Da ich es kaum erwarten konnte, ihn wiederzusehen, war ich bereits viel zu früh dort. Doch er kam erst eine halbe Stunde nach der verabredeten Zeit. Ich machte ihm Vorwürfe, suchte in seinem Gesicht und in seinen Gesten nach Zeichen mangelnder Zuneigung, fand sie auch und war nahe daran, in Tränen auszubrechen. Ich wurde zickig, und er behandelte mich wie Dreck, ließ mich einfach stehen, während er sich mit anderen unterhielt.

Unwillig ließ er sich von mir zu einem kleinen Tisch in der Ecke ziehen, und gelangweilt saß er mir gegenüber, als ich ihm einen Schwall von Fragen und Anklagen entgegenschleuderte. Was er eigentlich von mir wolle? Wie er sich unsere Beziehung vorstellte? Warum er mit mir spielen würde? Er verdrehte die Augen. Er wolle Spaß, sagte er, mit mir sei der nicht zu kriegen. Das saß. Er stand auf und ging.

Ich schleppte mich raus, ließ mich in einer anderen Kneipe vollaufen und wurde immer nüchterner, als ich begriff, daß er recht hatte. Die Szene, die ich ihm geliefert hatte, unterschied sich nicht von der, die ich bei Frauen immer gehaßt hatte. Immerhin verstand ich jetzt, warum sie es taten und wie erbärmlich sie sich gefühlt haben müssen.

Daheim suchte ich im Spiegelbild meinen Blick, suchte mich selbst. Ich war mir fremd geworden.

Liebeskummer. An jeder Straßenecke Rick oder der Schatten von ihm. Meine Nerven spielten verrückt. Sein Geruch, seine Härte gingen nicht aus meinen Sinnen. Kein Auge für Frauen, kein Blick für andere Kerle.

Abends wartete ich in der Kneipe. Er kam nicht. Auch nicht am nächsten. Typen quatschten mich an, ich wies alle ab. Er kam, als ich schon gar nicht mehr damit rechnete, war freundlich, als wäre nichts geschehen. Ich versuchte krampfhaft, unverkrampft zu sein, lässig und cool. Er gewährte mir eine weitere

Audienz in seinem Schlafzimmer. Ich war eifersüchtig auf die Bilder anderer Männer an den Wänden, sagte aber wohlweislich nichts, konzentrierte mich auf seine Lust. Er war zufrieden, fand ein paar nette Worte für mich. Ich schöpfte Hoffnung, verbot sie mir aber gleichzeitig, ebenso wie die Frage, ob ich für den Rest der Nacht bleiben dürfte. Unglücklich zog ich mich also an und trottete nach Hause.

Ich konnte nicht mehr essen und nicht mehr schlafen. Ich glaube, ich war noch nie in meinem Leben so unzufrieden und so unglücklich. Ich wußte nicht, wie es weitergehen sollte.

Am übernächsten Tag besuchte mich unerwartet eine ehemalige Freundin, Andrea, zu der ich seit einem Jahr ein ganz unerotisches Kumpelverhältnis hatte. Wir redeten, tranken Wein. Ich fühlte mich ein paar Stunden lang wieder wohl, war heiter, gelöst. Mein Zustand machte ihr Kummer.

Ich genoß ihre Fürsorge. Andreas Nähe beruhigte mich. Mehr war nicht, das glaubte ich genau zu wissen.

Am Abend desselben Tages rief Rick an: Er möchte mich sehen. Unser Wiedersehen begann traumhaft und endete traumatisch.

Wir gingen in ein Restaurant, erzählten uns aus unserem Leben. Fast ein Gefühl von Geborgenheit. Auf dem Heimweg blieb er neben mir stehen, preßte mich einige Male an sich, sagte mir ins Ohr, daß er es kaum erwarten könne, mit mir ins Bett zu kommen.

Der Sex mit ihm war schön, wenn auch härter als je zuvor. Er war wie ein Tier. Ich mußte es mir selbst besorgen, was mich kränkte. Danach war er abweisend und betont gleichgültig. Der Abschied war fast ein Hinauswurf. Vergebens wartete ich darauf, er würde sagen, daß er mich bald wiedersehen wolle.

Alles erschien mir so trostlos. In dieser Stimmung fiel mir Andrea ein. Ich sehnte mich nach ihrer Fürsorge und rief sie an. Sie hatte Zeit und kam zu mir.

Wir lagen nebeneinander auf dem Bett, rauchten, erzählten, ich nahm sie in den Arm, genoß das Gefühl, so etwas von mir aus tun zu können, und empfand eine leise Spur von Glück, als ich merkte, wie auch ihr das gefiel.

«Ich habe dich nie vergessen können, weißt du», sagte sie, küßte mich zaghaft auf den Mund und schlief ein.

Am Morgen wachte ich unter ihren streichelnden Händen auf. Ihre Bewegungen waren unendlich sanft, mein Widerstand schwand, wir küßten uns, ich streichelte sie – und das Eindringen in ihren warmen, erwartungsvollen Körper war wie neu, ganz anders als jemals zuvor, als erlebte ich es zum ersten Mal.

Das Beste war das Danach, waren ihre Hingabe und ihre Gelöstheit in meinem Arm, das gemeinsame Frühstück, unsere Umarmungen, Küsse, Blicke. Ich hatte nie so viel Zärtlichkeit für einen Menschen empfunden. «Ich liebe dich», sagte ich ihr zum Abschied – weil ich ihr zeigen wollte, wie glücklich ich war, und vielleicht auch, weil es stimmte.

Abends hatte ich Lust auf Rick oder irgendeinen anderen Kerl, auf eine richtig harte Nummer. Rick traf ich nicht, aber Carlo – einer seiner vielen Freunde, ein immer in schwarzes Leder gekleideter Hüne. Ohne große Umstände ließ ich mich abschleppen. Wir landeten in meiner Wohnung – in jenem Bett, das beinahe noch warm war von Andreas Körper.

Kniend mußte ich Carlo lecken, seine riesige Pranke in meinem Genick. Als er in meinem Mund kam und ich die klebrige, bittere Flüssigkeit hinunterwürgte, schwor ich mir, daß ich das keiner Frau je mehr zumuten würde. Im stillen hoffte ich, daß es das gewesen war, aber Carlo war unersättlich.

Immerhin war er so gnädig, auch an meine Lust zu denken: Er machte es mir geschickt mit der Hand, während er mich mit harten Stößen von hinten nahm. Wir kamen beinahe zusammen, und ich war unglaublich befriedigt. Er rauchte sogar noch eine Zigarette mit mir danach, stellte mir Fragen, lobte meinen Körper, tätschelte zum Abschied meine Schulter.

Ich war gerührt und irgendwie glücklich nach diesem Abend mit Carlo und hatte Lust auf Andrea, Lust darauf, sie zu streicheln, ihre Lust zu wecken, mit ihr im Arm einzuschlafen, ihre Wärme zu spüren, mit ihr zu frühstücken und von Liebe zu reden.

Ich war mit Rick nie wieder im Bett. Auch mit Carlo nicht. Dafür mit etlichen anderen Kerlen, meist aus dem Bekanntenkreis der beiden.

Der harte, zielorientierte Sex mit einem schwulen Mann ist für mich so befriedigend wie nichts anderes. Und, seitdem ich mir die Gefühlsduselei abgewöhnt habe, auch so problemlos wie nichts anderes.

Was ich bei den Männern nicht finde – und, so realistisch bin ich inzwischen, auch nie finden werde –, das gibt mir Andrea: Zärtlichkeit und Wärme, Verständnis und Kontinuität.

Ich kann also rundum zufrieden sein. Angst habe ich nur vor einem: daß Andrea irgendwann mal Besitzansprüche auf mich stellt. Ich weiß, daß das Gleichgewicht, das ich gefunden habe, auf nicht sehr stabilen Füßen steht.

Regina

«Meine Rollenspiele»

Zwischen den Erfahrungsberichten, die ich erhielt, befand sich auch eine ganze Reihe erotischer Phantasien – Phantasien, mit denen sich Frauen und Männer an das Thema Bisexualität herantasten. Zumindest einen dieser zu Papier gebrachten erotischen Träume möchte ich in diesem Buch abdrucken.

Er stammt aus der Feder einer Freundin von mir. Als ich Regina von meinen Recherchen für dieses Buch erzählte, rückte sie – ich erlebte das bei etlichen meiner Bekannten – mit dem Geständnis heraus, daß sie schon seit Jahren bisexuelle Neigungen verspüre und daß diese in einer immer wiederkehrenden erotischen Phantasie kulminieren.

So bizarr ihre Traumgeschichte auf den ersten Blick auch wirkt – so wenig untypisch ist sie doch. Paradigmatisch ist vor allem das weibliche Spiel mit den Geschlechterrollen. Wo ein Mann tendenziell Angst hat vor dem Weiblichen in ihm selbst, ist eine Frau viel eher geneigt, das

Männliche in ihr spielerisch zur Steigerung von Spannung und Lust zu nutzen.

Regina, 34, ist eine beruflich erfolgreiche, selbstbewußte Frau und lebt seit fast zehn Jahren in einer eheähnlichen Partnerschaft. Auf meine Frage, ob ihr Partner von ihren bisexuellen Wünschen wisse, antwortete sie: «Und ob! Er drängt mich sogar unablässig, wir sollten uns mal eine Sexpartnerin anlachen. Aber was sich in meinem Kopf abspielt, ist so extrem aufregend, daß ich befürchte, die Wirklichkeit könnte da nicht mithalten.»

Manchmal laufe ich durch die Nacht. Allein. Der trübe Glanz der Großstadt deutet mir den Weg dahin, wo das Leben wartet. Pulsierende Lust, verklebte Leidenschaft, zuviel Wein und noch mehr Tränen. Falsches Lachen, viel zu laut, dringt durch die Türen der Lokale. Ab und an ein Betrunkener, der mir entgegentaumelt.

Mädchen stehen verloren am Straßenrand, ein verzerrtes Lächeln auf übermüdete Gesichter gemalt: «Na, mein Süßer...»

Eine ältere Dirne wankt auf ihren High-Heels, blickt sehnsüchtig an dem schäbigen Haus empor, hinauf zu dem hellerleuchteten Fenster, hinter dem der Lude sitzt, jung und schön und gar nicht müde. «Darf ich hochkommen und eine Tasse Kaffee trinken?» bittet die grell geschminkte Hure, die gut seine Mutter sein könnte. Er grinst in seinen Schnurrbart, kostet lüstern seine Macht aus. «Ausnahmsweise.» Sie trippelt dankbar, den Blick gesenkt, der Tür entgegen. Falsche Hoffnung, Illusionen.

Ein Polizeiwagen fährt im Schrittempo dicht an mir vorbei, milchgesichtige Beamten mustern mich kritisch. «Schon wieder so 'ne Tunte.»

Ich grinse unter meinem angeklebten Schnauzer. Voll daneben, mein Kleiner, aber das wirst du nie begreifen.

Ein Bettler läuft auf mich zu. «Eh Kumpel, hast nicht mal 'ne Mark?» Ich gebe ihm zwei und bin glücklich. Er hat mich «Kumpel» genannt. Ich bin ein Mann!

Es ist anders, als Mann durch die Stadt, die Nacht, das Leben zu gehen. Diese köstliche Süße männlicher Macht...

Noch zwei Querstraßen, dann stehe ich vor meinem Ziel. «Happy hours» heißt die Bar, und das Ambiente steht dem Namen um nichts nach. «Herzilein» dröhnt es scheppernd aus dem lauten Musikautomaten. Rote Lampenschirme aus Plastik auf lilafarbenen Holztischen. Bester Kitsch.

Die Mädchen sind zu alt oder zu dick, aber ich komme trotzdem immer wieder her, weil es hier besonders düster ist. Keine Chance für die ewig angetrunkenen Schönen, mich als eine der ihren zu erkennen. Mein Bart wirkt täuschend echt, meine Größe stimmt, und meine Bewegungen, lange vor dem Spiegel geübt, könnten männlicher nicht sein.

Ich suche mir ein Mädchen aus. Eines mit breit ausgemalten Kirschlippen, Minikleid und Netzstrümpfen. Eines, das kaum noch die Augenlider heben kann und sich nach Schlaf sehnt, weil es inzwischen schon vier Uhr morgens ist.

Aber jetzt bin ich da und genieße die demütig bittenden Augen der anderen Bardamen. Ich könnte sie alle haben! Unglaublich, wie sie blitzschnell die Lippen befeuchten und sich so in Pose setzen, daß ihre Brüste, ihre Schenkel und teils noch andere Geheimnisse bestens zur Geltung kommen.

Aber ich habe meine Wahl bereits getroffen. Ich lege zwei große Scheine auf den Tisch, packe die halb schlafende Nutte, die kaum weiß, wie ihr geschieht, und lasse mich ins Séparée führen.

Sie lächelt künstlich, öffnet drei Knöpfe und zwängt ihre dicken Titten aus dem BH. Dann kommt sie näher und will mir in den Schritt greifen.

«Laß das!» fauche ich sie an. «Du machst gar nichts, sondern drehst dich zur Wand. Na los, mach schon.»

Eine Sekunde des Zögerns, eine halbe Sekunde des Aufbegehrens. Ich weiß, was in ihr vorgeht: Scheiße, schon wieder ein Perverser. Nicht das jetzt noch, zu dieser Stunde! Ich will nach Hause, in mein Bett. Aber was soll's, denkt sie wohl, mit dem Blick zur Wand brauche ich wenigstens nicht zu lächeln, und devot zu sein ist sowieso am wenigsten anstrengend...

Sie dreht sich gehorsam zur Wand. Die Musik dringt verzerrt durch die schweren, verblichenen Samtvorhänge: «Ich hab' geträumt von dir.» Mit einer Hand fahre ich unter den Saum ihres Kleides. Sie stöhnt auf. Verschwitztes Fleisch, ermüdet vom langen Sitzen. Ungeduldig fahre ich unter den Rand ihres Spitzenhöschens, packe ihre Pobacken und spreize sie weit. Sie zuckt zusammen und will etwas sagen.

«Halt's Maul!» fahre ich sie an, und sie gehorcht. Ich drücke ihren Oberkörper hinunter, so daß ich zwischen ihren Schenkeln hindurch an ihre Spalte greifen kann. Sie fühlt sich heiß und feucht an, als sich zwei meiner Finger durch ihre kleinen Schamlippen schlängeln. Zarte Lippen, die sich bei der kleinsten Berührung wie von selbst auseinanderbiegen. Der Duft unbefriedigter Lust steigt zu mir empor – die schwere Süße einer überreifen Frucht.

Ich atme diesen erregenden Geruch tief ein und lasse dann meine Finger in einem zärtlichen und wohldosierten Takt auf ihrem Kitzler kreisen. Sie streckt mir stöhnend ihren prallen Hintern entgegen, reibt sich wollüstig an meinem Arm, spreizt die Schenkel noch weiter. Ihre Bewegungen werden immer unkontrollierter, ihr Kopf schlägt leicht gegen die Wand.

Ich weiß sehr genau, was sie jetzt fühlt. Sie steht kurz vor dem Tor zu einer kurzen lustvollen Ewigkeit, dem Tor der sündigen Verheißung. Ein Strom geilen Lustnektars läuft über meine Finger. Ihr Kitzler treibt meinen Händen entgegen, bittend, klopfend, fordernd, um Erlösung heischend. Nur noch einige wenige Bewegungen...

Doch ich verlangsame den Rhtyhmus. Verlangsame ihn noch mehr, als sie ungeduldig ihre Möse meiner Hand entgegendrängt. Oh, wie ich ihr Betteln, ihren stummen Schrei, ihr körperliches Flehen, ihre vollkommene Hingabe an meine Hände, meinen Willen, meine Macht genieße! Alles, ja alles würde sie mir jetzt geben, wenn ich nur weitermachen würde und das stille Versprechen erfüllte.

Ihre Hände verkrampfen sich, ihr Körper wird starr, als ich langsam meinen Arm unter ihrem Po hervorziehe. «O du Sadist», preßt sie gequält hervor, «du schrecklicher, gemeiner Sadist!»

Die Macht schmeckt süß, sättigt und macht müde. Es ist anstrengend, ein Mann zu sein und so viel Macht zu haben. Ein Dutzend gieriger weiblicher Augenpaare verfolgt mich, als ich durch die Bar zum Ausgang gehe. Die von mir Verschmähten haben das Stöhnen ihrer Kollegin wohl gehört, und ihre Beine sind noch weiter gespreizt als vorher. «Das nächste Mal vielleicht», lächle ich verheißungsvoll in die parfümierte Runde.

«Heißer Sand und ein verlorenes Land», dröhnt es mir aus der Musikbox hinterher. Ich atme gierig die kalte, klare Nachtluft ein und gehe hastigen Schrittes nach Hause.

Zu Hause. Müde und aufgekratzt zugleich. Im Flur entledige ich mich schnell der Verkleidung, und dann liege ich einsam auf dem viel zu großen Bett. Ich lasse Szene für Szene des Abends noch einmal vor meinem geistigen Auge ablaufen. Ihre Hingabe, ihre Lust, ihr Wimmern, ihre Qual. Meine Finger spielen in immer schnelleren Bewegungen an meiner Klitoris. Auch diesmal halte ich kurz vor dem Höhepunkt inne. Ich zögere sie hinaus, die Erregung, die Lust, die Erfüllung.

Bilder ziehen vorüber, vermischen sich. Ich, eine Frau, die vom Mann in allerhöchste Lust getrieben wird, die seiner Macht erliegt. Rollenwechsel: Ich als Mann mit einer Frau. Dann wieder als Frau, unter den sanften Küssen einer anderen Frau. Dann werde ich nochmals zum Mann und treibe es wild mit einem anderen Mann. Schließlich noch einmal als Frau, diesmal mit zwei Männern im Bett, die alles daransetzen, mich, das Objekt ihrer Begierde, nach allen Regeln der Kunst zu verführen und zu befriedigen.

Der Orgasmus kommt als Explosion und doch schon als Rückzug. Zurück bleiben ein bebender Körper auf einem viel zu großen Bett und eine einsame Seele. Einsam, weil zweigeteilt. Frau und doch wieder Mann, niemals in einem der beiden aufgehend. Ich sehe in den Spiegel und sehe eine Frau, und ich laufe durch die Straßen, und sie blicken mir nach als Frau und sprechen mich an als Frau. Sie merken nicht, daß sie immer nur einen Teil von mir meinen.

So bleiben dem Mann in mir nur die wenigen Abende des Maskenspiels. Im «Happy hours», in der Dunkelheit der Nacht.

Anne

«Sexuelle Erfüllung
fand ich erst
mit einem Paar»

Anne, 39, Architektin, alleinstehend, ist äußerlich die Karrierefrau par excellence. Als ich ihr gegenübersitze, spüre ich fast körperlich das Charisma eines Menschen, der gewohnt ist, mit Erfolg die eigenen Ziele durchzusetzen.

Doch sexuell lief bei Anne so ziemlich alles schief im Leben – bis sie ein Aha-Erlebnis hatte, das ihr neue Wege wies.

Anne gehört zu den wenigen von mir befragten Menschen, die uneingeschränkt positive Erfahrungen mit dem Sex zu dritt gemacht haben. Aber auch ihr Fall macht deutlich: Eine langfristige Dreierbeziehung aufzubauen und zu pflegen ist ungleich schwieriger, als die meisten Bisexuellen, die sie sich wünschen, vorher glauben.

Schon als junges Mädchen war ich sehr experimentierfreudig, wollte mich nicht mit Erklärungen der anderen, der Erwachsenen, zufriedengeben, sondern den Dingen immer auf den Grund gehen. In der Schule hatte ich deshalb etliche Probleme. «Sie widerspricht ständig», hieß es prompt in einem Zeugnis. Ich hinterfragte alles und jeden. Sätze wie: «Damit mußt du dich abfinden – es ist eben so, wie es ist» – sie reizten mich unsäglich.

Nichts ist so, wie es ist, oder zumindest muß es nicht so sein, wenn man nicht damit zufrieden ist – so lautete meine kindliche Lebensphilosophie, und auch als Teenager hielt ich unbeirrt daran fest. Auch – und gerade – was den Sex anging. Das erste Mal war schrecklich und schmerzhaft – aber mehr noch als diese Tatsache brachten mich die Äußerungen meiner Freundinnen in Rage: «Das ist nun mal so.» Das wollte ich nicht einsehen.

Ich wollte auch meinen Spaß. Ich verlangte, daß ein Mann rücksichtsvoll mit mir umging und sich um meine Befriedigung kümmerte. Mein Männerverschleiß war folglich recht groß. Ich ging keine Kompromisse ein. Erwies sich ein Liebhaber trotz deutlicher Mahnungen im Bett als selbstherrlicher Egozentriker, beendete ich die Beziehung.

Mein Lebenswandel stürzte meine Mutter in tiefe Besorgnis: «So eine wird doch kein Mann mehr heiraten wollen, du hast schon einen ganz schlechten Ruf» – und so weiter.

Ihr eigenes Liebesleben konnte für mich kaum ein positives Beispiel sein. Die Routineübung am Samstag abend, bei der sie pflichtschuldigst stöhnte, wo es rein gar nichts zu stöhnen gab, weil sie – wie sie mir einmal anvertraut hatte – nur einen Orgasmus hatte, wenn sie sich hin und wieder selbst befriedigte, empfand ich als ungemein peinlich und demütigend. Nein, so wollte ich nicht leben!

Also kämpfte ich mich weiter durch Betten, Hoffnungen und Enttäuschungen. Es gab geschickte und weniger geschickte Liebhaber, einfühlsame und plumpe, ausdauernde und solche, die die Frechheit besaßen, mich nach zwei Minuten mit selig verklärtem Ausdruck zu fragen: «War's schön für dich?»

Ich log nie. Warum auch? «Nein», beantwortete ich eine solche Frage, wenn ich unzufrieden war. Und dann fragte ich sie meinerseits, ob sie sich mit der Anatomie einer Frau überhaupt jemals auseinandergesetzt hätten oder ob ihnen ihre Playboy-Standardanleitungen ausreichten? Mir jedenfalls nicht!

Ich wirkte abtörnend, hörte von Freundinnen: «So kannst du keinen Mann halten.» Ich aber sah keinen Grund, Glück und Befriedigung zu heucheln.

Mit zwanzig Jahren zog ich von zu Hause aus und in eine Frauen-WG. Das war vor fast zwanzig Jahren, als die Frauenbewegung noch in ihren Anfängen, das heißt sehr radikal in ihren Forderungen war. Männer galten als Egoisten und/oder Schlappschwänze und taugten ohnehin nicht zur Befriedigung einer Frau – so die Parole. Dankbar verinnerlichte ich sie, stellte sie doch die scheinbare Bestätigung meiner eigenen Anschauung dar.

In den beiden Jahren, in denen ich nur mit Frauen zusammenlebte, hatte ich ausschließlich lesbische

Kontakte. Ich fand das aufregend, weil es neu war, weil wir uns sehr verbunden fühlten in unserem Anspruch, als Frauen mit allen Bedürfnissen ernstgenommen zu werden, auch verbunden waren im Kampf gegen den Unterdrücker Mann. Ich glaube, es war vor allem das Gemeinschaftsgefühl, das mir damals wichtig war, und auch die Tatsache, daß unsere Einstellung eine sehr freie Sexualität zuließ. Eifersucht und Besitzansprüche jeder Art waren verpönt: Jede schlief mit jeder, und manchmal trieben wir es auch zu dritt oder gar zu viert, lagen im Gemeinschaftsraum auf einem Matratzenlager und verwöhnten uns gegenseitig, nachdem wir Shit geraucht und Wein getrunken hatten. Wir bestätigten uns immer wieder, wie unendlich glücklich und befriedigt wir waren.

Ich fühlte mich sehr geborgen in der WG. Der Druck, der Spezies Mann mit ihren Bedürfnissen gerecht werden zu müssen, fiel weg. Ich befand mich auf vertrautem Territorium, und die Art und Weise, wie wir Frauen sexuell miteinander umgingen, gefiel mir lange Zeit sehr gut. Keine ging je unbefriedigt aus einer Begegnung heraus. Trotzdem war das nicht alles, was ich mir von der Liebe und der Lust erhofft hatte. Das merkte ich schon nach dem ersten Jahr.

Also: Die Suche ging weiter und mit ihr mein ausschweifendes Leben. Nachdem ich aus der WG ausgezogen war, hatte ich eine Reihe von Liebhabern, die sich aber allesamt überfordert fühlten von meinen Ansprüchen, und fast war ich wieder soweit, mich endgültig der lesbischen Liebe zuzuwenden.

Dann aber lief mir Frank über den Weg. Ein Künstler, wie er sich selbst gern bezeichnete, ein erfolgloser Maler, dessen Bilder und Botschaften keiner verstand. Er war gut zwanzig Jahre älter als ich, hatte langes graues Haar und lebte sehr zurückgezogen in einem Bauernhaus auf dem Land. Er war introvertiert, einsiedlerisch, ruhte in meinen Augen in sich – und war dadurch sehr interessant.

Frank machte keinerlei Anstalten, mich zu erobern, gab mir zu keiner Zeit das Gefühl, etwas Besonderes oder auch nur Begehrenswertes zu sein. Alles, was sich zwischen uns abspielte, passierte, weil ich die Initiative ergriff und er sich – wenn er Lust hatte – davon mitreißen ließ. Ich war nahezu besessen von ihm. Er war die große Ausnahme unter den Männern damals, fast schon ein Chauvi, wenn auch nicht im konventionellen Sinne.

Frank brauchte mich nicht, er liebte mich nicht, er registrierte allenfalls, daß ich da war – mal mit einem Lächeln, mal mit gerunzelter Stirn. Er meldete sich nie von sich aus, wenn ich nicht kam, und natürlich schlief er mit allen Frauen, die ihm gerade über den Weg liefen.

Für mich war das ein ganz neues, erregendes Gefühl, von einem Typ nicht gewollt zu werden, nicht einmal die Möglichkeit zu haben, ihn zurückweisen zu können. Der Sex mit ihm war wie das übrige Zusammensein: ein bißchen kalt und distanziert, trotz der körperlichen Nähe. Dieser Mann ließ mich nicht an sich heran, auch wenn er ganz in mir versunken war. Er war rücksichtslos und egoistisch, einzig und allein an seiner eigenen Befriedigung interessiert und deutlich verliebt in seinen eigenen Körper.

Ich war Statistin. Und ich genoß es. Ich genoß das Leiden, den Schmerz, ja die Demütigung. Ich veränderte mich grundlegend. Besorgte Freundinnen befürchteten, ich sei dem Sadomaso-Kult verfallen, und wollten mich in irgendwelche Therapien schleppen. Ich aber lebte in der Gewißheit, zum ersten Mal in meinem Leben sexuell das zu bekommen, was ich brauchte.

Ich bettelte um ein wenig Zuneigung, flehte um Aufmerksamkeit, suchte gierig nach kleinen Anzeichen von Wertschätzung – und betete darum, nicht verlassen zu werden. Ich wartete, nachdem er sich an den von mir gedeckten Tisch gesetzt hatte, daß er mich ansprach oder wenigstens ansah. Doch wenn er dann ein Wort an mich richtete, war es meist niederschmetternd. Immer wieder gab er mir zu verstehen, ich sei sexuell für ihn völlig uninteressant.

Ich starb tausend kleine Tode – und liebte ihn von Tod zu Tod mehr, begehrte ihn mit einer Intensität und Verzweiflung, die mir selbst angst machte. Ich lebte isoliert von der Welt, der Gesellschaft, den Menschen, meiner Vergangenheit und meiner Zukunft. Es gab nur den Augenblick. Nur das nächste Treffen mit Frank zählte. Hatten wir einmal Sex zusammen, lief ich tagelang herum wie eine Heilige, die empfangen hat, liebend, leidend, aber glücklich.

Frank verließ mich – besser, er verstieß mich. Ich

hatte es erwartet, jeder hatte es vorausgesehen, und er selbst hatte niemals ein Hehl daraus gemacht, daß ich für ihn allenfalls einen angenehmen Zeitvertreib darstellte, den man ersetzen konnte, sobald man seiner überdrüssig wurde. Und genau das war nach knapp einem halben Jahr der Fall. Das Vorherwissen erleichtert selten etwas, lindert nicht den Schmerz. Ich war dem Wahnsinn nahe, hatte Mordpläne, Alpträume, aß nichts, trank Unmengen, rauchte bis zur chronischen Bronchitis – immer nur ein Bild vor Augen: Frank, Frank, Frank.

Ich wollte nie mehr lieben, wollte keinen Sex mehr, hatte die Suche aufgegeben. Das Resümee der vergangenen Jahre fiel ja auch kläglich aus: Die üblichen Beziehungen zu Männern hatten mich unbefriedigt gelassen, der freie Sex mit Frauen auf Dauer meine Bedürfnisse ebenfalls nicht gestillt, die Affäre mit Frank war gekennzeichnet gewesen von Schmerz und Demütigung, Versagung und Verzweiflung. Was blieb?

Ich fand keine Antwort und stürzte mich in den Karrierestrudel, der damals gerade für Frauen mehr denn je angesagt war. Ich wurde ein abgeklärter und sehr überzeugter Single. Ich genoß meine Freiheit, erlaubte mir dann und wann einen One-Night-Stand ohne jede Verpflichtung, ohne Intensität oder gar Nähe und war ansonsten stolz darauf, allein durchs Leben zu kommen.

Auf einer Urlaubsreise vor vier Jahren änderte sich alles schlagartig. Ich hatte mich im teuersten Hotel von Taormina auf Sizilien eingemietet, wollte abschalten vom Streß der vergangenen Monate, etwas für die Gesundheit tun und den Frühling genießen. Ich lief am Strand entlang – allein –, trank Kaffee in der Altstadt – allein –, aß abends Scampi am Hafen – ebenfalls allein. Angebote, die Zeit zu zweit zu verbringen, blieben natürlich nicht aus. Die sizilianischen Männer erwiesen sich als hartnäckige Schürzenjäger, bissen aber zumindest bei mir auf Granit.

Am vorletzten Urlaubstag wurde ein deutsches Pärchen an meinen Tisch im Frühstückszimmer gesetzt. Wir kamen sofort ins Gespräch. Ich erzählte von den Sehenswürdigkeiten der Umgebung und konnte ihnen manchen Schleichweg verraten. Sie wollten ihre Dankbarkeit mit einer Einladung zum Abendessen beweisen, und ich nahm an, denn beide waren mir auf Anhieb sehr sympathisch.

Der Abend endete im Hotelzimmer des Ehepaares. Eigentlich wollten wir nur einen letzten Abschiedstrunk nehmen, aber plötzlich saß ich auf ihrem Bett, und sie begann, unendlich sanft meinen Nacken zu küssen, während seine Hände sehr viel bestimmter unter meinen Rock fuhren. Ich war überwältigt von der Situation und meinen Empfindungen. Es wurde die beste Nacht, die ich je erlebt habe. Diese beiden gaben mir – zusammen – alles, was ich beim Sex wollte und brauchte, und ich konnte all das geben, was ich geben wollte.

Im Bett dieses Paares fand ich, wonach ich die ganze Zeit gesucht hatte: wirkliche sexuelle Erfüllung. Trotzdem bin ich heute schon wieder auf der Suche – nach einem passenden Paar. Das ist gar nicht so einfach, wie man sich das vorstellt. Mein Einsteigerpaar wohnte nämlich erstens viel zu weit von mir entfernt, und zweitens kam es bald zu Eifersüchteleien, da die andere Frau sich vernachlässigt fühlte.

Das halte ich ohnehin für die größte Schwierigkeit, wenn man als zweite Frau zu einem Paar dazukommt: Da kommt es zu Rivalität und Verlustangst. Es wäre gewiß einfacher, wenn sich drei freie, unabhängige Menschen zusammenfinden würden.

Ich bin jetzt einem Swinger-Club beigetreten, will aber erst einmal sehen, was da so passiert. Aber eines weiß ich sicher: Der Mann allein bringt es nicht, und die Frau allein genügt mir ebensowenig. Ich brauche und will beide gleichzeitig.

Rüdiger

«Meine Lust
auf ältere Frauen und
jüngere Männer»

Rüdiger, ein 42jähriger Jurist aus einer westdeutschen Metropole, macht auf mich zunächst – schon am Telefon, dann auch zu Beginn unseres persönlichen Gespräches – einen recht verschlossenen Eindruck. Doch das Bedürfnis, über sein Sexualleben zu sprechen, ist unverkennbar. Langsam taut er dann auf während des Interviews – und als wir nach einem langen Abend zum Ende kommen müssen, habe ich den Eindruck, er könnte jetzt noch stundenlang weitererzählen.

Rüdigers Fall ist für mich ein schönes Beispiel für die prägende Rolle der Mutter bei der sexuellen Entwicklung eines Menschen. Rüdiger hat lange gebraucht, bis er den Einfluß der Ansprüche, die seine Mutter an ihn als Kind stellte, auf seine sexuellen Präferenzen erkannte. Sich von diesem Einfluß zu befreien – das wird ihm allerdings wohl nie gelingen.

Ich wuchs als einziger Sohn mit drei älteren Schwestern bei meiner sehr resoluten Mutter auf. Mein Vater hatte sie kurz nach meiner Geburt verlassen. Aus diesem Grund wohl herrschte eine ziemlich männerfeindliche Atmosphäre in unserer Familie. Ständig predigte meine Mutter, Männer seien nichts wert. Ich allein war die Ausnahme, mußte das aber auch immer wieder unter Beweis stellen, indem ich eben nicht so war wie all die schrecklichen männlichen Wesen, die Müttern und Ehefrauen angeblich nur Enttäuschungen bereiteten.

Ich wurde erzogen, rücksichtsvoll und bescheiden zu sein und so wenig männliche Laster zu entwickeln wie überhaupt nur möglich. Männliche Tugenden wurden mir so natürlich auch nicht vermittelt.

Ich war immer nur von Frauen umgeben. Sie waren der Mittelpunkt meines Lebens. Allesamt waren es ältere Frauen. Mir gefiel meine Rolle durchaus. Ich war das von allen Seiten zärtlich umhegte Nesthäkchen. Wenn auch ständig von kritischen Augen beobachtet, genoß ich doch alle möglichen Freiheiten und Privilegien. Ich wurde der kleine Kavalier aller älteren Damen, und man lobte meine Mutter wegen ihrer bewundernswerten Erziehungsmethoden. «Männer werden erst zu Übeltätern erzogen», pflegte sie zu sagen. «Sie sind es nicht von Natur aus, das sieht man an Rüdiger.»

Ich lebte sehr lange bei meiner Mutter. Erst kurz vor meinem dreißigsten Geburtstag zog ich aus. Bis dahin war ich ihr kleiner Junge, der lebende Beweis, daß nicht alle Männer schlecht sind. Mutter war nicht nur dominant, sondern auch voller Fürsorge – und deshalb gab es ein großes Drama, als ich damals auszog, um mein Examen in einer anderen Stadt zu machen. Sie sah mich hilflos allerlei Gefahren ausgesetzt – und merkte selbst nicht, daß, wenn ich denn tatsächlich hilflos gewesen wäre, dies allein ihr zuzuschreiben war.

Doch ich schlug mich wacker, fand die Welt längst nicht so grausam, wie meine Mutter sie mir dargestellt hatte, und gewann schnell eine ganze Menge gleichaltriger Freunde.

Manches an ihrem Verhalten schien allerdings die Vorurteile meiner Mutter voll und ganz zu bestätigen. Die Art und Weise, wie sie über Frauen und die Erlebnisse mit ihnen sprachen, war mir fremd. Respektlos ließen sie sich über die körperlichen Vorzüge ihrer Freundinnen und über ihre Qualitäten im Bett aus.

Bei solchen Gesprächen fühlte ich mich als Außenseiter. Doch da ich gute Miene zu dem Spiel machte, für das mir das Verständnis abging, wurde ich akzeptiert. Wobei ich wohlweislich die Tatsache verschwieg, daß ich noch keinerlei sexuelle Erfahrung mit Frauen hatte. Ich erfand sogar einige Geschichten, um in Ruhe gelassen zu werden, und man nahm sie mir auch prompt ab.

Meine Kommilitonen versuchten mich häufig zu überreden, mit ihnen abends loszuziehen, um «Frauen aufzureißen». Doch so etwas bereitete mir nicht das geringste Vergnügen. Das lag nicht allein an meiner Unerfahrenheit und Schüchternheit. Ich fand es einfach befremdlich, als Mann auf eine Frau zuzugehen. Ich war viel zu sehr daran gewöhnt, von Frauen, die reifer, erfahrener waren als ich, an die Hand genommen zu werden.

Diesem Schema folgte dann auch meine erste Beziehung zu einer Frau. In meiner Referendarzeit bei Gericht – ich war inzwischen 34 – lernte ich eine zehn Jahre ältere Staatsanwältin kennen. Sie machte mich mit den Abläufen bei Gericht vertraut, und so manchen Abend saßen wir über meinen Büchern zusammen, fachsimpelten, tranken Tee. Die bestimmte, zielstrebige Art, in der sie mit mir diskutierte und mich irgendwann auch in ihr Bett zog, gefiel mir, weil sie mir vertraut war. Ihrer Reife und Erfahrenheit konnte ich mich vertrauensvoll hingeben, und sie schien es glücklich zu machen, einen relativ jungen Mann nach ihren Wünschen formen zu können.

Wir waren – das läßt sich wohl nicht anders sagen – ein überaus glückliches Paar, auch wenn unsere Verbindung bei vielen unserer Bekannten Kopfschütteln hervorrief. Die Liebe einer älteren Frau zu einem jüngeren Mann stieß selbst in einer Großstadt noch auf viel Intoleranz.

Am ärgsten wütete meine Mutter, als sie erfuhr, daß ich mit einer älteren Frau zusammenziehen wollte. Sie sah in Renate, meiner Freundin, offensichtlich eine ganz gefährliche Rivalin.

Uns focht das nicht an. Wir verstanden uns ausgezeichnet – nicht zuletzt im Bett. Ich profitierte von

Renates Erfahrung. Von ihr lernte ich, wie man eine Frau befriedigt, unter ihrer Anleitung probierten wir nach und nach die erregendsten Dinge aus, und ich genoß es, von ihr auf immer neue Weise verführt zu werden.

Ich bewunderte Renate. Sie war mir immer ein Stück voraus. Viele Männer hätte das sicherlich verunsichert. Es soll doch eigentlich der Mann sein, der vorangeht und die Fäden in der Hand hält. Bei uns war es genau umgekehrt – und wir fühlten uns sehr wohl dabei. Für Renate war ich der erste Mann, der jünger war als sie, und sie sagte, sie hätte sich noch nie so sicher in einer Partnerschaft gefühlt wie bei mir. Da war nichts von der vielbeschworenen Angst älterer Frauen, ihr jüngerer Partner könnte sich morgen einer Gleichaltrigen zuwenden.

Fünf Jahre lang waren wir restlos glücklich. Unser Leben verlief geordnet, in festen Bahnen – in Renates Bahnen. Doch dann, vor ungefähr drei Jahren, überkam mich eine ungewohnte Unzufriedenheit. Irgendwie wurde mir klar, daß ich seit fast vierzig Jahren nach immer demselben Muster lebte. Die Beziehung zu Renate war die Fortsetzung des Mutter-Sohn-Verhältnisses. Sie gewährleistete Ruhe, war vertraut und gewohnt. Aber sie forderte mich eben auch nicht. Mein Leben hatte keine Höhen und keine Tiefen. Die Vorstellung, daß es noch weitere vierzig Jahre in diesen Bahnen verlaufen könnte, machte mir angst.

Renate spürte die Veränderung und schloß daraus, es verlange mich nach einer anderen Frau. Es gelang mir leider nicht, sie vom Gegenteil zu überzeugen, und unsere sehr schöne Beziehung endete mit endlosen quälerischen, entwürdigenden Debatten und Vorwürfen.

Heute denke ich, daß ich vielleicht unbewußt das Scheitern meiner Beziehung zu Renate selbst provoziert habe. Ich brauchte vielleicht eine Art Umsturzklima, um Dinge in mir bewegen zu können. So wie ich damals den Auszug aus der Wohnung meiner Mutter, den Wechsel in eine andere Stadt gebraucht hatte, um etwas Neues zu beginnen. Und diesmal wollte ich wohl wieder etwas verändern.

Was genau ich wollte, wußte ich allerdings nicht. Für eine lange Zeit war ich recht orientierungslos. Ich stiefelte durch Kneipen, weniger aus Lust als aus dem Gefühl heraus, das müsse so sein, wenn man allein ist.

Ich hatte sogar zwei Erlebnisse mit Frauen meines Alters, jeweils nur für eine Nacht. Und genau das störte mich letztendlich daran: Die Geschichten waren von vornherein nur auf eine Nacht angelegt gewesen, auch von mir aus. Doch das Schema blieb: In beiden Fällen hatte wieder die Frau den ersten Schritt getan, ich war noch immer der «kleine Junge», der verführt werden mußte.

Das wollte ich ändern, ich wollte mich regelrecht dazu zwingen, Frauen aufzureißen – aber es klappte nicht. Ich war viel zu krampfhaft damit beschäftigt, mich zu verstellen, als daß auch nur eine Frau mir den Aufreißer abgenommen hätte, der ich gern sein wollte.

Und dann lernte ich Peter kennen. Abends in einer Kneipe. Was mir bei einer Frau noch nie passiert war, passierte mir, der ich noch nie irgendwelche homoerotischen Regungen verspürt hatte, bei einem Mann: Ein Blick – und ich war hin und weg.

Irgendwie verlassen sah er aus, wie er so dastand, an die Wand gelehnt: ein junger Typ mit halblangen blonden Haaren. Alle meine Sinne standen plötzlich auf Empfang. Ich war wie elektrisiert, überlegte nicht mehr lange, sondern ging einfach auf ihn zu und begann ein Gespräch.

Peter war 22 und Lebenskünstler, wie er sagte, tat dieses und jenes, aber meistens nichts. Etwas wurde wach, das ich niemals in mir vermutet hätte: ein Beschützerinstinkt. In mir brannte der Wunsch, die Hand schützend um ihn zu legen und für ihn zu sorgen.

Überhaupt hatte ich meine Hände kaum noch unter Kontrolle, als wir so dasaßen, nah beieinander. Der Wunsch, ihn zu berühren, wurde immer mächtiger. Ein sehr neues und aufregendes Gefühl.

Als ich ihn fragte, ob er mit zu mir kommen wolle, sagte er sofort ja. Als wir durch die Straßen gingen, spürte ich es wieder: dieses Gefühl, ihn beschützen zu müssen – und eine Art von sexueller Lust, die mich vollkommen verwirrte.

Bei mir zu Hause haben wir dann zuerst Musik gehört und uns unterhalten. Nach dem zweiten Glas Wein knöpfte ich ihm das Hemd auf und begann mit ihm zu schmusen. Man stelle sich vor: ich, der ich noch nie freiwillig die Initiative ergriffen hatte – und dann sogar mit einem Mann! «Du bist anders», sagte er irgendwann, «du ziehst nicht einfach so eine Nummer ab wie die meisten anderen.»

Alles, was er sagte, machte mich stolz, und ich wollte noch viel mehr dafür tun, ihn glücklich zu machen. Ich streichelte ihn sehr lange und sehr zärtlich, und es schien ihm zu gefallen. Es war toll, ihn in den Armen zu halten. Er war um einiges kleiner und viel schlanker als ich, und ich meinte, sehr vorsichtig mit ihm umgehen zu müssen, um ihn nicht zu verletzen. Alles war so neu – und so aufregend.

Es wurde bereits Morgen, als ich mit ihm schlief. Es ging ziemlich viel dabei schief, weil ich so unsicher war. Als es dann doch klappte, kam ich viel zu schnell zum Höhepunkt, weil ich so aufgeregt war.

Durch dieses Erlebnis verstand ich auch, wie schwer es der aktive Teil in der Liebe hat. Trotz dieser kleinen Probleme: Es war ein wirklich atemberaubendes Erlebnis, zum ersten Mal mit einem Mann zu schlafen. Atemberaubend war vor allem auch die Führungsrolle, in der ich mich so unversehens befand. Solch eine Machtposition verlangt ein hohes Maß an Einfühlung – aber sie bringt auch ein mindestens ebenso großes Maß an Lust mit sich.

Peter blieb einige Wochen bei mir wohnen, und wir hatten beinahe täglich Sex miteinander. Ich war glücklich, und er zeigte mir offen, was er für mich empfand. Es war ein Gemisch aus Dankbarkeit, Achtung und Lust. Meine anfängliche Unsicherheit verlor ich mehr und mehr, und ich ließ meiner Phantasie freien Lauf.

Natürlich war ich nicht über Nacht schwul geworden. Nein, ich fühlte mich durchaus auch noch zu Frauen hingezogen. Aufgrund der Erfahrungen mit Peter glaubte ich zuerst, nun auch eine jüngere, unerfahrenere, vor allem aber passive Frau zu brauchen. Aber die Frau, in die ich mich später verliebte und mit der ich heute noch zusammenlebe, ist zwölf Jahre älter als ich – und absolut tonangebend in unserer Beziehung. Und wieder gefällt mir das.

Es muß so sein für mich in der Beziehung zu einer Frau. Die andere, die aktive, die beschützende Seite kommt bei mir nur bei einem Mann zum Vorschein. Warum das so ist, weiß ich nicht.

Andrea weiß von meiner Lust auf jüngere Männer. Wir haben lange Nächte darüber geredet, und wenn sie es auch nicht verstanden hat, so hat sie es doch bis heute zumindest toleriert.

Die Sache mit Peter ist ziemlich schnell zu Ende gegangen, weil er einen Partner braucht, der ganz für ihn da ist. Seit einigen Monaten habe ich ein loses Verhältnis zu Martin, einem knapp Dreißigjährigen, der dann und wann ebenfalls Beziehungen mit Frauen hat. Das vereinfacht vieles.

Ich möchte eigentlich so weitermachen, weiß aber, daß dieses Leben allen Beteiligten einiges an Toleranz und Geduld abverlangt, besonders Andrea. Wenn sie mich morgen zu einer Entscheidung zwingen würde, würde ich mich sicher für sie entscheiden, doch ich hätte das Gefühl, daß ein wichtiger Teil von mir damit begraben würde. Und das würde unserer Liebe auf Dauer sicher schaden.

Petra

«Das erotische Vermächtnis
meiner Mutter»

*Wie bei Rüdiger, so steht auch bei Petra die sexuelle
Identitätsfindung unter starkem Einfluß des Verhältnisses
zur Mutter. So unterschiedlich beide Fälle auf den ersten
Blick wirken – sie haben viele Gemeinsamkeiten.*

*Ich kenne die 32jährige, in der Nähe von Hamburg
lebende Lehrerin bereits seit fünf Jahren. Gemeinsame
Interessen und Bekannte sorgten immer wieder dafür, daß
unsere Wege sich kreuzten. Sie bot mir von sich aus an, mir
über ihr ausgeprägtes Sexualleben Rede und Antwort zu
stehen.*

*Petra hat ihren Erfahrungsbericht mehrmals umgeschrie-
ben, bevor die hier abgedruckte Version gefunden war.
Anfangs sehr detailfreudig in der Beschreibung von SM-
Handlungen, nahm sie diese Elemente später zurück, um
nicht von dem abzulenken, worauf es ihr ankommt: die
Prägung, die sie durch ihre Mutter gefunden hat.*

Ich glaube, ich bin schon als Masochistin aufgewachsen. Jedenfalls spielten bei mir Unterwerfungsphantasien schon früh eine große Rolle. Ich suchte die Macht, an der ich scheitern durfte, die Stärke, die mich gefügig machte, die Kälte, die mich demütigte. Zunächst in meinen Träumen. Und natürlich war der Dominierende immer ein Mann. Nein halt, so natürlich war das eigentlich gar nicht – nicht bei meinem Elternhaus, nicht bei der Rollenverteilung, die dort herrschte.

Wenn ich an meine Familie denke, kommt mir immer wieder der Film «Denn sie wissen nicht, was sie tun» in den Sinn, mit James Dean in der Hauptrolle. Da geht es auch um die Eltern, genauer um die Schwäche und Labilität des Vaters, der unfähig ist, sich gegen seine Frau zur Wehr zu setzen. Und in einer Szene packt James Dean seinen Filmvater und schreit ihn an: «Antworte ihr, sag etwas, sei endlich ein Mann, sei doch endlich ein Mann, Vater!»

Ich hätte das bei meinem Vater auch oft tun wollen. Meine Mutter war ein launisches, rechthaberisches Wesen, das keinen Widerspruch duldete, ein strenges Regiment führte, und mein Vater fügte sich ergeben. Es war zum Schaudern. Ich lehnte mich auf gegen meine Mutter, fand aber niemanden, der mir Rückhalt gab – Geschwister hatte ich nicht, mein Vater schied aus den erwähnten Gründen aus. So gab ich schließlich meinen Widerstand auf.

Aber in meinen Träumen schuf ich mir eine andere Welt. Da war der Mann (mein Vater) der Mächtige, der Entscheidungsträger, das Oberhaupt, der Richter, Führer und Vollstrecker. In späteren, bereits sexuell gefärbten Phantasien spielte ich im wesentlichen immer eine bestimmte Szene durch, die mich stark erregte.

Die Frau (ich) als launisches, aggressives, überhebliches Wesen, hintertrieben und böse gegenüber einem Mann, der zunächst mit gütiger Miene zusieht, Fehler verzeiht, wieder und wieder Chancen einräumt, um wieder und wieder enttäuscht zu werden. Und dann gab es jedesmal diesen Moment, in dem die Frau sich endgültig als Siegerin über den Mann erheben möchte, skrupellos und machtgierig. Doch der bislang zurückhaltende Mann spielt nun alle seine Stärken aus und gewinnt die Oberhand. Als sie wütend aufbegehren will, schlägt er sie – links und rechts, hart und rhythmisch – immer wieder ins Gesicht, bis sie zusammenbricht. Sie weint und fleht, möchte sich an seine schützende Brust werfen.

Genau um diesen Moment ging es mir. Er war unbeschreiblich schön, eigentlich schmachvoll und doch von Erlösung gekennzeichnet, als wäre eine Starre überwunden, eine Mauer eingestürzt. Der Mann aber verwehrt der Frau seinen Schutz und seine Liebe. Zunächst jedenfalls. Sie muß es büßen, daß sie gewagt hat, sich über ihn erheben zu wollen. Dieses Büßen kleidete ich lustvoll und abwechslungsreich aus. Mal ließ er sie eine Zeitlang unbeachtet trotz ihres Flehens und Weinens, mal züchtigte er sie und ließ sie immer wieder schwören, daß sie in Zukunft tun würde, was er wolle, mal mußte sie in tausend unterschiedlichen Gehorsamsübungen beweisen, daß sie ihre Lektion gelernt und ihre Rolle begriffen hatte.

Soweit mein Lieblingstraum.

Ich zog sehr bald von zu Hause aus, weil ich die dortige Atmosphäre einfach nicht länger ertragen konnte. Die Suche nach einer glücklichen Partnerschaft verlief leider ebenso unbefriedigend. Die Männer, die ich traf, waren zum Abgewöhnen.

Ich stieg dann sehr zielstrebig in die SM-Szene ein, weil ich davon ausging, daß dort wenigstens die Grundvoraussetzungen für meine sexuelle Befriedigung gegeben seien und ich keinem begriffsstutzigen Lover erklären mußte, warum ich ganz gern geprügelt werden wollte, bevor er mit mir schlief.

Ich bekam die Prügel, die ich mir ersehnte – und zwar in reichlichem Maße. Ich hing in Ketten, wurde ausgepeitscht, vor Zuschauern und manchmal bis zur Ohnmachtsgrenze. Meine Brustwarzen wurden durchstochen und wie meine Schamlippen mit Ringen geschmückt. Ich wurde Sklavin X – wobei X für den Namen steht, den mir der jeweilige Gebieter verlieh. Ich kniete mehr, als ich stand und lag, war zu Willen, wurde gedemütigt und erniedrigt.

Nein, das ist kein anklagender Schicksalsbericht einer mißhandelten Frau – ich wollte es ja genau so. Und es fehlte mir durchaus nicht an Zuwendung und Zärtlichkeit. Dominanz und seelische Wärme schließen sich nicht aus. Ich hatte das Glück, dies immer wieder zu erleben.

Aber irgend etwas stimmte trotz allem nicht. Es fehlte dieses letzte kleine Stück zur vollkommenen Zufriedenheit. Eine undefinierbare Unruhe trieb mich weiter, zu immer neuen Herrschern. Ich verstand mich selbst nicht. Schließlich hatten sich meine Träume erfüllt, ja, meine lustvollen Phantasien waren durch die Realität noch bei weitem übertroffen worden. Und doch...

Auf irgendeiner SM-Fete zeigte mir das Schicksal dann den Weg. Ich stand einigermaßen gelangweilt in meinem Sklavinnendreß am Rande des Geschehens, als sie auftrat: groß, stolz, kalt und sehr attraktiv. An einer Kette zog sie einen Sklaven hinter sich her. Er war um einiges größer als sie und wirkte doch schwach und klein in ihrer Aura von Macht und Verachtung.

In mir rief dieses überwältigende Bild zwei sich scheinbar widersprechende Gefühle hervor. Ich spürte den unglaublich starken Wunsch, mich dieser Domina zu unterwerfen – eine Regung, die ich noch nie einer Frau gegenüber gehabt hatte –, und zugleich wünschte ich mich an ihre Stelle, wünschte mir, einen Mann so zu dominieren wie sie. Ich war wie gelähmt, wollte gern in ihre Nähe kommen, wußte aber nicht, wie ich das anstellen sollte. Meine Sklavinnenverkleidung fand ich plötzlich unpassend, ja lächerlich. Ich versuchte, einen Blick von ihr zu erhaschen, doch sie nahm mich überhaupt nicht wahr, war vollkommen konzentriert auf sich selbst. Der ganze Raum war von ihrer Autorität erfüllt.

Unter dem Vorwand, zur Toilette zu müssen, überredete ich meinen Gebieter, mich von der Kette zu lassen, um durch die schwitzenden Leiber hindurch zum Objekt meiner Begierde zu huschen. Aufgeregt und unfähig, etwas zu sagen, stand ich vor ihr. Sie schaute mich nur wortlos an und blies mir ihren Zigarettenrauch ins Gesicht.

«Ich möchte dich... ich möchte Sie wahnsinnig gern mal treffen... irgendwie...», brachte ich stotternd hervor.

«Wozu?» antwortete sie nach einer Ewigkeit. Sie erwartete keine Erwiderung von mir.

Diese Ausstrahlung! Ein kaltes Lächeln, ein belustigtes Hochziehen der Augenbraue, ein geringschätziges Zucken der Mundwinkel. Dann ließ sie mich stehen.

Aus der Traum. Die Nacht endete schmerzhaft – nicht wegen der Strafe, die ich erhielt, weil ich so lange fortgeblieben war, sondern viel mehr, weil die Erfüllung meiner Sehnsucht zum Greifen nahe gewesen, aber nun unerreichbarer denn je war.

Ich konnte so nicht weiterleben, trennte mich von meinem Gebieter, stieg aus der Szene aus, wartete auf das Wunder, das nicht kam. Ich wußte, daß ich selbst etwas tun müßte. Es verlangte mich nach einer Frau. Meine erotischen Phantasien waren ausschweifend wie selten zuvor. Demütig wie eh und je, sehnte ich mich jetzt nach einer dominierenden Frau, die der kalten Schönen von der Party glich. Grausam war sie, die Frau meiner Träume, unnahbar und unnachgiebig, und sosehr ich mich auch mühte, ihr Wohlgefallen zu erregen, es gelang mir nie.

Ich ging auf die Suche – und blieb auf der Strecke. Die professionellen Dominas entpuppten sich allesamt als dilettantische Schauspielerinnen ohne jede wirkliche Autorität. Stur und gelangweilt spielten sie ihr Repertoire ab. Leere Kälte, unbefriedigend und demütigend.

Also stieg ich um und versuchte mein Glück wieder einmal mit einem Mann. Ich verfiel auf einige jüngere, unerfahrene Kandidaten und fand mäßigen Gefallen daran, sie anzulernen, das mit mir zu tun, was ich brauchte. Ihre Schwäche aber langweilte mich schon bald.

Eines Tages hörte ich dann von einem Paar, dessen Wünsche mich regelrecht elektrisierten. Gesucht wurde eine dominante Bi-Freundin, die der Frau helfen sollte, den Mann zu erziehen, gleichzeitig aber auch selbst eine devote Ader haben sollte. Seltsame Mischung, dachte ich zunächst. Bis ich feststellte, daß ich all diese Bedingungen erfüllte.

Ich bat Bekannte, die mir von diesem Paar erzählt hatten, meine Telefonnummer weiterzuleiten. Und schon sehr bald erhielt ich einen Anruf von der Frau. Ihre Stimme gefiel mir so gut, daß ich schon voller Lust und Erregung war, als wir uns das erste Mal trafen.

Sie war nicht ganz so groß wie in meinen Träumen, doch ihre Ausstrahlung war unbeschreiblich. Die Autorität und die Gnadenlosigkeit, mit der sie ihren Mann beherrschte, nahmen mir den Atem. Sie allein bestimmte das Geschehen, fast fühlte ich mich in Kinderzeiten zurückversetzt, zumal sie deutlich älter war als ihr Mann und ich, und so vermischte sich Patrizias Bild bald mit der Erinnerung an meine Mutter.

Sie verstand es sehr gekonnt, mich zu führen. Ich mußte ihr in jeder erdenklichen Weise zu willen sein – vor den Augen ihres Mannes, was meine Erregung nur noch steigerte und seine ebenfalls. Ich leckte gehorsam ihre Füße, nahm dankbar ihre Züchtigung entgegen, nachdem ich ihren Kitzler nicht zu ihrer Zufriedenheit bearbeitet hatte, und war mit Lust bei der Sache, als es später darum ging, ihrem Ehemann beizubringen, wie man sich Damen gegenüber zu verhalten hat. Dabei stellte ich fest, wie sehr es mir gefiel, einen Mann zu erniedrigen. «Sei endlich ein Mann», fauchte ich ihn an. Patrizia lächelte und ließ mich gewähren.

Später sagte sie, sie habe ihren Mann selten derart erregt und devot erlebt. Damit ich aber nicht allzuviel Gefallen an meiner neuen Rolle fände, ließ sie mich zum Abschied noch einmal sehr genau spüren, wie es um die Machtverhältnisse bestellt war.

Qualvolle Ewigkeiten ließ sie mich knien und betteln, bevor sie meinen ganzen Körper durch Schläge zum Glühen brachte. Die Züchtigung mußte dabei ihr Ehemann übernehmen.

Heute, fast zwei Jahre später, bin ich noch immer mit Patrizia zusammen. Manchmal auch zu dritt mit ihrem Ehemann. Bisweilen nehmen wir uns auch einen anderen devoten Mann.

Doch der devote Mann ist für mich heute eher zweitrangig in dieser Beziehung. Momentan ist es mir am wichtigsten, meine masochistische Seite unter einer Frau auszuleben. Doch dann und wann brauche und will ich einen Mann – einen, der tut, was ich sage, mir zu willen ist, sich um meine Befriedigung kümmert.

Erst kürzlich wurde mir klar, daß ich damit gleichsam das Vermächtnis meiner Mutter erfüllt habe – auf doppelte Weise. Noch immer unterwerfe ich mich einer dominanten, herrschsüchtigen Frau, gleichzeitig jedoch will ich selbst so sein, wie sie war, und behandle die Männer so, wie sie meinen Vater behandelt hat.

Freilich dürfte meine Mutter nie die köstlichen Momente absoluter sexueller Befriedigung erlebt haben, die mir diese Konstellation ein ums andere Mal beschert...

Mareike

«Der Sex zu viert hat unsere Ehe bereichert»

Der erotische Dreier oder Vierer kann eine heikle Sache sein. Immer wieder geschieht es, daß ein sexuell frustriertes Paar, meist auf Initiative des Mannes, zu diesem Mittel greift, um das Eheleben aufzupeppen – und nur weiteren Frust erntet. Eine Beziehung, die nicht harmonisch und sexuell befriedigend ist, wird durch Partnertausch oder dergleichen zumeist nur noch mehr belastet. Eifersucht und Verlustängste spielen dabei eine große Rolle.

Die Sache wird um so heikler, wenn Bisexualität im Spiel ist. Man lernt den Partner plötzlich von einer ganz fremden Seite kennen, realisiert Lüste in ihm, die man vielleicht nie in ihm vermutet hat. So etwas kann ganz schön verunsichernd wirken – und jede Beziehung, in der nicht absolutes Vertrauen zueinander und Verständnis füreinander herrscht, auf eine harte Probe stellen.

Doch ich habe auch etliche positive Fälle kennengelernt. Der folgende ist ein schönes Beispiel dafür, welch lustvolle

Bereicherung Partnertausch und Bisexualität für eine von Vertrauen erfüllte Beziehung darstellen können – auch wenn Mareikes Bericht zunächst mehr von Problemen denn von Lust handelt.

Der erste Satz von Mareike, als sie mir strahlend gegenübersitzt: «Ich habe das beste Sexleben, das es geben kann.» Geheimnisvoll schmunzelnd fügt sie hinzu: «Und das Schönste: Meine beste Zeit hat gerade erst angefangen.»

Obwohl sie bereits 46 ist, glaube ich ihr aufs Wort. Vom Äußeren eher unscheinbar, strahlt die in der niedersächsischen Provinz lebende Hausfrau das Glück und die Zufriedenheit aus, von der sie spricht. Das Gespräch mit ihr wurde zu dem längsten, das ich für dieses Buch führte. Die Beharrlichkeit, mit der diese Frau für ihr Glück gekämpft hat, nahm mich regelrecht gefangen.

Von meiner Mutter hatte ich mitgekriegt: Für eine Frau ist Sex nur Belastung. Also Augen zu und durch, wenn's denn schon sein muß. Natürlich gab es auch damals schon Filme und Bücher, die anderes verhießen, doch die tat ich als Produkte männlicher Phantasie ab. Denn so richtig begeistert hatte ich immer nur Jungen davon schwärmen hören – niemals Mädchen.

Meinen ersten Orgasmus hatte ich mit 16 – durch Handarbeit. Ich fand Spaß daran, an und mit meinem Körper herumzuexperimentieren. Erlebnisse mit Männern waren von Beginn an enttäuschend. Um dem Akt wenigstens ein bißchen Lust abzugewinnen, ließ ich meiner Phantasie Flügel wachsen. Es erregte mich, mir vorzustellen, daß uns andere Leute zusahen – Frauen und Männer. Die Männer gaben Anweisungen: «Los, zieh ihr die Beine auseinander, besorg es ihr richtig...» Die Frauen sahen einfach nur zu und geilten sich an meinem Anblick auf. Das, was sich in meiner Phantasie abspielte, hat mich sehr aufgepeitscht, und ich hatte bald den Ruf, ganz toll im Bett zu sein.

Ich selbst jedoch war sexuell eher unzufrieden und nahm immer wieder Zuflucht zur Selbstbefriedigung, wobei ich immer raffiniertere Methoden und auch diverse Hilfsmittel – wie einen dicken, mit Noppen besetzten Vibrator – einsetzte.

Nach einer Zeit begannen sich meine Phantasien zu verändern. Ich stellte mir jetzt häufiger vor, Verkehr mit zwei Männern zu haben, wobei der eine in erster Linie sehr zärtlich war und nur darauf bedacht, meine Lust zu wecken und zu stillen, während der andere rücksichtslos nur seine eigene Befriedigung im Sinn hatte. In einer anderen Phantasie verwöhnte ich einen der Männer hingebungsvoll mit den Händen und dem Mund, während mich der andere von hinten nahm.

Sprechen konnte ich über diese Phantasien mit niemandem, schon gar nicht mit meinem jeweiligen Partner. Dem kam es meist nur darauf an, bestätigt zu bekommen, was für ein toller Liebhaber er war.

Sex mit Frauen kam in meinen Phantasien nicht vor, das war zu jener Zeit eigentlich auch kein Thema für mich. Einmal aber hatte ich ein Erlebnis, das mich erotisch zumindest neugierig machte auf Frauen.

Ich ging damals – ich war Anfang zwanzig – regelmäßig in die Sauna. Natürlich immer an den Tagen, an denen ausschließlich Frauen zugelassen waren. Eines Abends war außer mir nur eine einzige Frau da. Sie war recht füllig, etwas älter als ich. Ich fand ihren Körper mit seinen runden Formen mütterlich und sexy zugleich. Unwillkürlich mußte ich daran denken, wie es wohl wäre, diesen Körper zu berühren – eine Vorstellung, die ich plötzlich sehr aufregend fand. Ich muß diese Frau ziemlich aufdringlich angestarrt haben, denn nach einer Weile blickte sie lächelnd auf.

Im Umkleideraum sahen wir uns dann später wieder. Sie wirkte sehr selbst- und körperbewußt und schien sich ihrer Rundungen keineswegs zu schämen. Für mich, die ich mich immer entweder zu dick oder zu mager fand und die ich mich immer ein wenig fremd in meinem Körper fühlte, war dies ein weiterer Grund, mich ihr neugierig zuzuwenden.

Sie saß ganz locker auf der Bank, nackt und mollig, wie sie war, und trocknete sich mit geradezu aufreizend langsamen Bewegungen ab. Später rieb sie sich ebenso langsam und sorgfältig mit einer Lotion ein, und plötzlich hatte ich den Wunsch, ich könnte es an ihrer Stelle tun.

Wieder müssen ihr meine Blicke aufgefallen sein. Nachdem sie das Kleid übergezogen hatte, kam sie auf mich zu und fragte, ob ich ihr wohl den Reißverschluß zuziehen könne. Auf mein Nicken wandte sie mir den Rücken zu. Ich fand ihren Nacken sehr verlockend, und ihr Duft zog mich geradezu in ihren Bann. Doch anstatt meinem inneren Impuls nachzugeben und sie auf den Nacken zu küssen, zog ich pflichtgetreu den Reißverschluß zu.

Sie bedankte sich, blieb noch einen Augenblick vor mir stehen und sagte: «Du hast einen tollen Körper, weißt du das?» Mit diesen Worten ging sie.

Diese kleine Episode bewirkte zweierlei. Erstens akzeptierte ich meinen Körper viel stärker als vorher. Und zweitens mußte ich noch lange an die Unbekannte denken – an ihre prallen Schenkel, ihren verführerischen Nacken.

Doch es blieb zunächst ein singuläres Erlebnis. Ich begegnete keiner Frau, die ähnliche Empfindungen in mir ausgelöst hätte.

Mit 25 habe ich dann Stefan geheiratet. Der Sex mit ihm war von Anfang an sehr schön, weil ich ihn sehr, sehr liebte – und das tue ich heute noch. Es ist ein himmelweiter Unterschied, ob man den Mann, mit dem man schläft, nur oberflächlich kennt oder ob man ihn von ganzem Herzen liebt und ihm durch die körperliche Hingabe auch seine Liebe zeigen möchte.

Es war lange Zeit wirklich unheimlich schön mit uns. Aber die seelische Nähe machte unser Sexleben irgendwie auch immer komplizierter. Ich merkte, wie ich zusehends Angst bekam, Stefan durch meine Experimentierfreude zu verletzen. Das Betreten erotischen Neulands wurde von ihm schon fast als Bedrohung empfunden.

Daß etwas mit unserem Intimleben nicht stimmte, merkte ich daran, daß ich wieder vermehrt Selbstbefriedigung betrieb, wobei meine Phantasien zunehmend ausschweiften. Oft stellte ich mir vor, mit zwei oder drei Männern im Bett zu sein. Oder ich gab mich auf einer Sexparty mehreren anonymen Männern hin oder machte bei einer Pornoproduktion mit, mit wechselnden Sexpartnern, manchmal auch weiblichen.

Mit Stefan habe ich über diese Vorstellungen nicht gesprochen. Ich hatte Angst, ihn vor den Kopf zu stoßen. Später hat er mir das vorgeworfen. Er betrachtete es beinahe als Treuebruch, daß ich mit solchen Phantasien im Kopf durch die Straßen lief oder mit ihm im Bett war und ihn nicht daran teilhaben ließ.

Ich wurde mit der Zeit immer unzufriedener. Aber nicht etwa, weil ich den Sex mit Stefan langweilig gefunden hätte, denn ich liebte ihn schließlich. Nein, unzufrieden machte mich meine eigene Unfähigkeit, ihm meine Phantasien mitzuteilen. Letztlich belog ich den Menschen, den ich liebte, ununterbrochen.

Stefan spürte natürlich meine Unzufriedenheit, mißdeutete sie wohl und zog sich immer mehr von mir zurück. Immer seltener nahm er mich in die Arme, streichelte er mich, verführte er mich. Es war unglaublich verletzend, weil ich seinen Rückzug so deutete, daß er mich nicht mehr liebte, nicht mehr begehrte. Ich fühlte mich wertlos als Frau, hielt mich für eine Versagerin und wäre fast in eine schwere Depression geschlittert. Meine erotischen Phantasien waren längst abgestorben. Jetzt ging es mir um das Überleben meiner Ehe – das war jedenfalls mein Gefühl.

Ich versuchte ihn zur Rede zu stellen, wurde aggressiv, schrie ihn an, ich hätte schließlich sexuelle Bedürfnisse und das Recht, daß mein Ehemann sie mir stillt, drohte, ich würde mir einen Liebhaber nehmen. Stefan zuckte nur schweigend mit den Schultern.

Das Schlimmste stand mir allerdings erst noch bevor. Eines Abends versuchte ich ihn zu verführen. Perfektes Programm mit Strapsen, Kuschelmusik und Striptease. Der Erfolg: null.

«Mareike, bitte, wir können das nicht im Hauruckverfahren lösen», erklärte er mir. «Wir haben das totgeredet, das muß sich erst wieder langsam zwischen uns entwickeln.»

An diesem Abend rastete ich völlig aus, warf ihm den Ehering vor die Füße und verbrachte die Nacht außer Haus, einsam in einem billigen Hotel. Ich hatte mich noch nie in meinem Leben so gedemütigt gefühlt. Ich weiß, es gibt genug Frauen, die sich beklagen, von ihren Männern sexuell überfordert zu werden, oder sich beschweren, beim Sex zu kurz zu kommen. Aber keine Frau, die es nicht selbst erlebt hat, kann sich vorstellen, wie groß die Schmach ist, wie sehr das eigene Selbstbewußtsein leidet, wenn der Mann sich sexuell verweigert.

Heute habe ich eine bessere Vorstellung davon, was damals in Stefan vorging. Denn inzwischen hat er mir erzählt, wie es für ihn war, ständig dem Druck meiner Erwartungen ausgesetzt zu sein. Er habe das Gefühl gehabt, mir beweisen zu müssen, daß er mich will. Da sei ihm alles vergangen. Er habe sich selbst als reines Sexobjekt gesehen.

Ich meinerseits war sicher gewesen, er habe eine andere, und drohte ihm bald darauf die Scheidung an. Ein Schock für ihn. Mit erstickter Stimme erklärte er, momentan sei es zwar schwierig mit uns, wir hätten uns aber doch das Versprechen gegeben, auch schlechte Zeiten zusammen durchzustehen. Ich könne unsere Ehe doch nicht so einfach wegwerfen. Ich gab bitter zurück, in unserem Fall könne man wohl kaum noch von einer Ehe sprechen, sondern bestenfalls von einer Zweckgemeinschaft.

Nachdem ich eingesehen hatte, daß wir auf diese Weise auch noch den letzten Rest Gemeinsamkeit zerstören würden, fuhr ich auf den Rat einer Freundin hin für sechs Wochen zur Kur an die Nordsee.

Kaum war ich weg, ging es mir wieder besser. Ich war raus aus dem Teufelskreis. Die wiedergekehrte innere Ruhe gab mir die Kraft, mir klarzumachen, was ich eigentlich wollte.

Ich wollte, das war mir ziemlich schnell klar, meinen Mann und ein glückliches Sexleben mit ihm. Die Frage war nur, wie ich das bewerkstelligen sollte. Ich erwog beinahe alle Möglichkeiten. Ihn eifersüchtig machen mit einem anderen? Eine neue Frisur? Neue Klamotten? Oder sollte ich ihn nach meiner Rückkehr links liegenlassen, um seine Lust dadurch zu entfachen, daß ich mich nun scheinbar selbst verweigerte? Doch keine dieser Möglichkeiten schien wirklich überzeugend.

Gegen Ende der Kur las ich in einer Illustrierten die Story einer Frau, die ihren Mann mit einem ganz besonderen Geburtstagsgeschenk überrascht hatte: mit einer Gespielin für eine Nacht, jung und schön und willig obendrein, die aus einem riesigen Pappkarton stieg. Ans Nachmachen dachte ich nicht gerade, aber die Idee, die Lust meines Mannes mit einer anderen Frau neu zu entfachen, ging mir nicht mehr aus dem Sinn.

Und plötzlich waren meine erotischen Phantasien wieder da. Ich stellte mir vor, daß ich, wenn Stefan nach Hause kommt, in zärtlicher Umarmung mit einer Frau im Wohnzimmer sitze und ihn dann gemeinsam mit der anderen verführe. Seltsamerweise fand ich diese Idee ganz und gar nicht demütigend, empfand keine Eifersucht bei der Vorstellung, daß Stefan Lust auf die andere bekommen würde.

Als ich dann gegen Ende der Kur ein nettes Pärchen kennenlernte – einen älteren, sehr charmanten Mann mit seinem jungen, höchst attraktiven «Kurschatten» –, bekamen meine erotischen Träume mit einem Mal eine andere Richtung. Wie wäre es, wenn Stefan und ich mit einem anderen Paar...?

Das war es! Ich war ganz aufgeregt, konnte meine Abreise kaum noch erwarten. Ich kaufte auf dem Bahnhof ein Kontaktmagazin für partnertauschwillige Paare und formulierte noch im Zug Antwortschreiben auf diverse Annoncen. Die Idee erotisierte mich zunehmend...

Stefan freute sich, mich wiederzusehen. Mit Rosen holte er mich vom Zug ab, küßte mich lange, sah mir prüfend in die Augen: Bist du wirklich wieder da? Aber ja!

Wir gingen sehr fein essen am ersten Abend, und mit klopfendem Herzen folgte ich ihm ins Schlafzimmer. Wir tranken Sekt im Bett, lagen uns in den Armen, küßten uns und sagten uns gute Nacht. Ich biß die Zähne zusammen, schluckte meine Tränen herunter.

Am Morgen schliefen wir miteinander. Erregung, vermischt mit dem Nachhall des Schmerzes der vergangenen Monate. Das Eis war gebrochen. «Ich hatte solche Angst, dich zu verlieren», sagte Stefan, «und deshalb ging irgendwie gar nichts mehr.»

Während der nächsten zwei Wochen taten wir einiges, um unseren Nachholbedarf zu stillen, und eigentlich hätte ich jetzt glücklich und zufrieden sein können. Aber kaum funktionierte unser Intimleben endlich wieder, kehrte auch meine Lust auf «mehr» zurück.

Es war gut, daß eines der angeschriebenen Paare sich just jetzt meldete. Beide Anfang dreißig, beide bi und sehr charmant am Telefon. Wir verabredeten, uns zwei Wochen später bei uns zu treffen.

Diese beiden Wochen verbrachte ich in heller Aufregung. Vor allem deshalb, weil ich nicht wußte, ob ich Stefan damit überraschen oder ihm vorher reinen Wein einschenken sollte. Drei Tage vor dem Besuch sagte ich es ihm dann. Mit zwei Martinis hatte ich mir Mut angetrunken. Er schwieg lange, und ich fürchtete schon, ich hätte ihn gekränkt. Doch dann eine Reaktion, die mich völlig umwarf: Er war begeistert! Sagte, so etwas hätte er sich schon lange gewünscht, es mir aber nicht zumuten wollen.

Jetzt endlich fand ich den Mut, Stefan von meinen wilden erotischen Tagträumen zu erzählen. Und so stellten wir nach fast zehnjähriger Ehe fest, wie sehr unsere geheimen Wünsche einander ähnelten. Was hätten wir uns alles ersparen können!

Die Liebesnacht vor dem Treffen mit dem Paar war die aufregendste und befriedigendste, die wir beide bis dahin miteinander erlebt hatten.

Und dann kam der Abend zu viert. Wir hatten Wein besorgt und ein paar Kleinigkeiten zu essen. Wir hatten gemeinsam Musik ausgesucht und das Bett neu bezogen, die Kleidung ausgewählt, die wir tragen wollten.

Ein wenig verlegen gestanden wir uns ein, daß wir schon ein bißchen eifersüchtig waren bei dem Gedanken, den geliebten Partner in den Armen eines Fremden zu sehen. Wir versicherten uns deshalb immer wieder unserer Liebe und einigten uns auf ein Stichwort, das wir benutzen wollten, falls einer von uns sich der Sache nicht gewachsen fühlte.

Und dann war alles so problemlos – und so wunderschön. Silke und Konrad waren uns auf Anhieb sympathisch. Sie hatten auch noch nicht viel Erfahrung. Unser Zusammensein fand in einer sehr freundschaftlichen Atmosphäre statt. Wir erzählten uns gegenseitig von unserem Leben, unseren Plänen, aßen und tranken zusammen.

Silkes Formen zeichneten sich aufreizend unter ihrem engen Kleid ab, und ich fühlte mich ein bißchen an die Frau aus der Sauna erinnert, weil auch sie ziemlich üppig war. Auch Konrad sagte mir äußerlich sehr zu. Und sein unaufdringlicher Charme nahm mir alle Befangenheit.

Es gefiel mir gut, daß wir vorher nicht über Sex sprachen. Jeder von uns hatte wohl das Gefühl, daß wir alle genügend Fingerspitzengefühl besaßen, um mit der Situation zurechtzukommen. Wir merkten, daß es nicht nötig war, Spielregeln zu verabreden. Es gab ein unausgesprochenes gegenseitiges Vertrauen in die Einfühlungsfähigkeit und die Spontaneität der anderen.

Silke war es dann, die den ersten Schritt tat. Sie setzte sich einfach neben mich aufs Sofa, streichelte mich und begann meinen Hals zu küssen. Ich streichelte ihre Brüste, die groß und weich waren und mich sonderbar erregten. Ich schloß die Augen – in der aufregenden Gewißheit, daß Konrad und Stefan uns beoachteten.

Silkes Zärtlichkeiten waren atemberaubend. Sie knabberte an meinem Ohrläppchen, ließ ihre Zunge im Inneren meines Ohres kreisen, dann in meinem Mund. Die Weichheit ihrer Hände, die Geschmeidigkeit ihrer Zunge, die Wärme ihres Körpers – das alles machte mich wie Wachs in ihren Armen. Daß das Liebesspiel mit einer Frau mich derart aufgeilen könnte, hatte ich nicht für möglich gehalten.

Silke flüsterte mir ins Ohr: «Laß uns ins Schlafzimmer gehen.» Wir standen auf und gingen hinüber, ohne uns noch einmal nach unseren Männern umzusehen. Wir zogen uns gegenseitig aus, küßten uns dabei immer wieder, streichelten uns, nahmen unsere Brustwarzen in den Mund und saugten daran. Ich vergaß die Welt um mich herum, vergaß Stefan und Konrad und die bizarre Tatsache, daß ich mit einer fremden Frau in meinem Ehebett lag.

Ich ließ mich völlig treiben. Kein Wunder angesichts von Silkes Verführungskünsten. Ihr Körper machte mich wahnsinnig an. Er war so weich und so wohlgeformt. Meine Zunge tastete sich an ihre Muschi heran, deren süß-herber Duft mich stark stimulierte, saugte sanft an ihren Schamlippen, umkreiste zart ihre Klitoris. Stöhnend genoß Silke es und begann, mit sanftem Druck meinen Kitzler zu bespielen.

Wir waren so sehr mit uns selbst beschäftigt, daß wir kaum realiserten, daß unsere Männer uns inzwischen gefolgt waren und uns erregt beobachteten. Irgendwann schaute ich auf und traute meinen Augen nicht: Die beiden Männer verwöhnten sich gegenseitig – und zwar ziemlich ungehemmt. Ich hatte gewußt, daß Konrad bisexuell war, hätte aber nicht für möglich gehalten, daß Stefan sich so schnell mitreißen lassen würde.

Unser Stöhnen vermischte sich. Während Silke und ich einander mit Händen und Zungen zum Höhepunkt treiben, rückte Stefan hinter mich, zog meine Gesäßbacken auseinander und drang von hinten tief in mich ein. Silke hörte währenddessen nicht auf, ihre Finger an meinem Kitzler spielen zu lassen, und unsere Zungen trafen sich zu einem Austausch wilder Leidenschaften. Ich glaubte, vor Erregung platzen zu müssen.

Danach gab es stundenlang nur noch Körper und Lust und Erregung hoch vier. Konrads Glied in meinem Mund, während Silke meine Möse leckte, der Anblick von Stefans steifem Schwanz zwischen Silkes Brüsten, sechs Hände, die mich so intensiv streichelten, daß ich nicht mehr wußte, wo oben und unten war, und und und... Es war unbeschreiblich schön!

Die Zweisamkeit, die Stefan und ich nach dem Abschied erlebten, war neu, war anders, intensiver als je zuvor. Stefan sagte, er hätte nie vorher daran gedacht, mit einem Mann Sex zu haben – und dann war es so unheimlich aufregend. Wahnsinnig erregt hätte ihn auch, mich im Liebesspiel mit Silke zu sehen. Beide stellten wir erstaunt fest, daß es keine Eifersucht gegeben hatte bei unserem ersten Versuch zu viert. Und wir waren uns einig, daß es an der großen Sympathie zwischen uns allen vieren lag und daran, daß wir alle miteinander verkehrt hatten.

Schon am nächsten Tag riefen uns die beiden an, sagten uns noch einmal, wie schön sie die gemeinsame Nacht gefunden hätten und daß sie sich ein baldiges Wiedersehen wünschten. Wir stimmten begeistert zu.

Wir treffen Silke und Konrad inzwischen regelmäßig und finden immer neue Spielarten der Erotik. Es ist unglaublich, wie viele Variationen es beim Vierer geben kann.

Ich bin unheimlich froh darüber, daß Stefan genauso empfindet wie ich. Der Sex zu viert hat unsere Ehe unheimlich bereichert.

Ich glaube, daß die meisten Menschen Bi-Gelüste haben, sie aber verdrängen oder sich zumindest nicht erlauben, sie sich einzugestehen oder sie gar auszuleben. Wie schade! Zugegeben, es ist schwierig, dem Partner solche Phantasien mitzuteilen und sie gemeinsam in die Tat umzusetzen. Aber es lohnt sich, ganz sicher!

Bernd, Erika und Simone

«Gemeinsamer Sex, nein – gemeinsam wohnen, ja»

Eine wirkliche «ménage à trois», eine Lebens- und Wohngemeinschaft zu dritt, ist selten. Nicht nur, weil sich die üblichen Partnerschaftsprobleme potenzieren, wenn drei Menschen den Alltag miteinander teilen. Sondern auch, weil die Widerstände der Umwelt gegen eine solche Gemeinschaft, sofern sie denn eindeutig sexuell fundiert ist, allzu groß sind.

Ich fand, daß dieses Buch unvollständig bliebe, wenn nicht auch die einzelnen Partner einer «ménage à trois» zu Wort kämen, denn ein Leben zu dritt ist für viele Bisexuelle gewiß ein absoluter Wunschtraum. Doch es war zum Verzweifeln: Außer Manfred, dessen Fall ich bereits vorstellte (dessen Frau und Freund aber leider nicht für Interviews zur Verfügung standen), hatte keiner der Menschen, die sich auf mein Inserat meldeten, diese Lebensform über einen wirklich längeren Zeitraum praktiziert. Ich hatte fast schon resigniert, als ich eher zufällig

*durch Bekannte Bernd, 42, Erika, 38, und Simone, 31,
kennenlernte.*

*Die drei leben seit vier Jahren zusammen. Schwierig-
keiten, so ihre übereinstimmende Aussage, hatten sie zu
Beginn mehr als genug. «Aber die Anfangsprobleme sind
vorbei, zwischen uns ist alles geklärt», sagt Bernd. Doch
Simone widerspricht: «Ganz aus der Welt schaffen kann
man die Schwierigkeiten, die bei so einer Dreierkonstella-
tion auftreten, wohl nie.»*

*Da wir das Gespräch zu viert führten, gebe ich die
Geschichte dieser Partnerschaft aus meiner Perspektive der
Zuhörerin wieder.*

Bernd und Erika sind seit 17 Jahren verheiratet.
Glücklich, wie beide sagen. Ihr eheliches Sexleben
fanden sie während der ersten zehn Jahre lustvoll und
erfüllend. Danach stellte sich – zunächst nur bei
Bernd – ein gewisser Überdruß ein: «Alles war be-
kannt, alle Möglichkeiten ausgereizt. Trotzdem
wollte ich die Ehe mit Erika niemals aufgeben.»

Er träumte von einer anderen Frau – doch Erika
sollte dabeisein. Die aber sträubte sich, fand allein
den Gedanken daran abstoßend und kränkend.
Bernd hatte daraufhin eine Reihe von heimlichen
Liebschaften. Erika kam ihm jedoch mit der Zeit auf
die Schliche. Nach dem zwölften Ehejahr verstän-
digten sich beide auf eine befristete Trennung.

«Zuerst fühlte ich mich wie gelähmt, hatte das
Gefühl, alle Felle seien mir davongeschwommen»,
erzählt Erika. «Immer war Bernd an meiner Seite ge-

wesen, und nun auf einmal war ich allein, hatte keine Perspektive und keine wirkliche Hoffnung, jemals wieder mit ihm zusammenzukommen.»

Doch nach einigen Wochen gelang es ihr, die Mutlosigkeit zu überwinden und das Alleinsein als neue Chance zu begreifen. Sie ging aus, lernte neue Menschen kennen und hatte einige erotische Abenteuer mit Männern. «Sexuell sehr befriedigend war das zwar alles nicht; ich merkte schnell, daß ich nicht aus mir herausgehen kann, wenn nicht auch Liebe im Spiel ist. Doch das Gefühl, als Frau begehrt zu sein, tat mir gut und richtete mich wieder auf.»

Auch Bernd tobte sich aus. «Ich ließ nichts anbrennen, fühlte mich – das heißt, wollte mich fühlen – wie mit zwanzig, als wilder Schürzenjäger ohne Furcht und Tadel. Erika und die Erinnerung an unser gemeinsames Leben versuchte ich soweit wie möglich zu verdrängen.»

Ein Dreivierteljahr nach der Trennung machte Erika im Tennisclub die Bekanntschaft einer gleichaltrigen Frau. Das war eine Freundschaft, die ihr ganzes erotisches Leben verändern sollte. «Annette zog mich beinahe magisch an, sie hatte etwas sehr Sinnliches, schon die Art, wie sie dasaß, den Kopf neigte, den Kaffeelöffel hielt.»

Es kam zu ersten Zärtlichkeiten zwischen den beiden Frauen. Erika war einerseits erschrocken über sich selbst – «Ich hätte so etwas nie für möglich gehalten!» –, andererseits hoben die in ihr geweckten erotischen Gefühle sie in den siebten Himmel: «Diese

Sanftheit und Ruhe, diese Zärtlichkeit – das war umwerfend. Ich hatte ständig Lust, sie zu berühren, mir kamen tausend Ideen, die ich mit ihr realisieren wollte, und dabei war ich im Ehebett immer eher zurückhaltend gewesen, was mir Bernd auch oft vorgeworfen hatte.»

Die Liaison mit Annette dauerte rund drei Monate. Sie ging zu Ende, als die Differenzen zwischen den beiden nicht mehr auszuräumen waren: Annettes fast militantes Lesbentum war Erika fremd. «Ich fühlte mich ganz und gar nicht als Lesbe. Ich besuchte damals schon seit Jahren eine Therapeutin, mit der ich auch über meine sexuellen Erlebnisse und Gefühle sprach. Sie meinte, ich sei bisexuell; das seien die meisten Menschen, sie verdrängten es nur.»

Nach Ende des vereinbarten Trennungsjahres trafen sich Bernd und Erika zu einem gemeinsamen Abendessen. Bernd erzählt: «Erika war wie verwandelt, sie strömte eine ungeheure Dynamik und Erotik aus. Ich wurde eifersüchtig, dachte natürlich, dahinter stecke ein anderer Mann.»

Der Abend endete im Bett. Erika: «Es war eine Liebesnacht, wie wir sie nie zuvor in unserer Ehe erlebt hatten. Durch Annette hatte ich eine ganze Menge über meinen Körper und meine Bedürfnisse gelernt, und ich war jetzt auch viel aktiver als vorher.»

Schon bald nach der Versöhnung gestand Erika ihrem Mann ihre gleichgeschlechtlichen Erlebnisse und daß ihre Lust auf eine Frau im Bett größer denn je sei. Bernd war verunsichert: «Es war schon komisch am Anfang. Ich fühlte mich als Mann und Liebhaber irgendwie in Frage gestellt. Fragte mich, ob ich ihr nicht genug hatte geben können, daß sie nun eine Frau wollte. Fragte mich, ob sie nicht vielleicht richtig lesbisch war und ob ein Neuanfang überhaupt gutgehen könne unter diesen Bedingungen.»

Die wiedererwachte Leidenschaft prägte den Neuanfang. Für Bernd hätte auch alles so weiterlaufen können. Erika allerdings hatte bald wieder Lust auf eine Frau.

Simone lief ihr im Reisebüro über den Weg, an ihrem Arbeitsplatz. «Ich war total hingerissen und fragte sie ganz spontan, ob sie Lust hätte, am Abend mit mir essen zu gehen. Simone schien überrascht über diese Einladung, sagte jedoch zu.»

Der erste Abend war einfach nur sehr witzig; die beiden hatten sich viel zu erzählen. Erst am zweiten Abend – wieder in einem Restaurant – erzählte Erika von ihrer Bisexualität, von ihren Erfahrungen mit anderen Frauen. «Hat das was mit mir zu tun?» fragte Simone verdattert. Und Erika sagte: «Ja.»

Simone hatte bis zu diesem Zeitpunkt niemals an Sex mit einer Frau gedacht. Auch wenn sie den Sex mit Männern als nicht sehr befriedigend empfunden hatte. «Zu schnell bei der Sache, zu einseitig», erklärt sie.

Erikas Interesse an ihr schmeichelte Simone. Sie ließ sich weiterhin zum Essen einladen, freute sich über Blumengrüße und das Gefühl, etwas Besonderes zu sein: «Von einer Frau begehrt zu werden, war etwas ganz Ungewohntes für mich. Da war viel Spannung im Spiel. Natürlich wußte ich, daß Erika letztendlich bezweckte, mich ins Bett zu bekommen, aber ich fühlte mich lange nicht so unter Druck gesetzt wie bei einem Mann. Wenn man einem Mann nicht spätestens am zweiten Abend nachgibt, ist man ihn doch los.»

Es dauerte mehr als sechs Wochen, bevor es zu ersten Zärtlichkeiten zwischen Erika und Simone kam. Simone erzählt: «Ich war traurig gewesen nach einer Begegnung mit meinem letzten Freund, brauchte Zuwendung. Erika kam an diesem Abend, und lange Zeit lag ich einfach nur in ihrem Arm. Die Geborgenheit, die ich da verspürte, war einmalig, ihr Streicheln tröstend und aufregend zugleich. Ich hatte überhaupt keine Zweifel mehr, keine moralischen Bedenken. Es fühlte sich toll an. Es war schön, und ich ließ mich fallen.»

Bernd hörte mit gemischten Gefühlen von Erikas neuer Eroberung. «Ich hatte Angst, sie vielleicht völlig an diese Frau zu verlieren. Man merkt es ja und wird unruhig, wenn der geliebte Partner sich emotional sehr mit einem anderen Menschen beschäftigt, abwesend wirkt, viel Zeit mit dem anderen verbringt. Dabei spielt es überhaupt keine Rolle, ob es sich um Mann oder Frau handelt.»

Die Initiative zum ersten wirklich intimen Zusammensein zwischen den beiden Frauen ging dann von

Simone aus. «Es lag immer eine große Spannung in der Luft, wenn Erika und ich uns sahen. Und eines Abends wollte ich es dann wissen. Ich hatte das Gefühl, daß unsere Geschichte auf eine Entscheidung hindrängte, was die erotische Seite anging. Ich spürte zwar Erikas Begehren, doch sie war sehr rücksichtsvoll und wollte mich in keinster Weise bedrängen. Also machte ich den ersten Schritt.»

Erika war gleichermaßen erstaunt und erfreut, als Simone ihr mit so eindeutigen Absichten körperlich näher kam. «Ich war sehr schüchtern. Es war ganz anders als mit Annette, die ja damals die Initiative ergriffen hatte. Zudem war die Situation etwas heikel; schließlich war ich wieder mit Bernd zusammen, hatte gerade eine heiße Liebesnacht mit ihm hinter mir. Dennoch gab es keinen Zweifel: Ich hatte irrsinnige Lust auf Simone.»

Die Nacht wurde wunderschön, das fanden beide. «Das Faszinierendste daran», so Simone heute, «war die Tatsache, daß wir die ganze Zeit wirklich zusammen waren – nicht nur körperlich, meine ich. Beim Sex mit einem Mann hatte ich oft das Gefühl, daß er mehr bei sich als bei mir war. Erika und ich sahen uns die ganze Zeit an, sprachen miteinander, ließen uns sehr, sehr viel Zeit.»

Schlimm war für Simone der Morgen danach, Erikas Abschied. «Ich dachte, ich ertrage es nicht, als sie sich anzog, um zu ihrem Mann zurückzugehen. Ich kam mir ein bißchen vor wie die Geliebte eines verheirateten Mannes und war traurig, fühlte mich verlassen.»

Erika ging es nicht viel besser: «Ich wäre wahnsinnig gern bei ihr geblieben, in ihren Armen eingeschlafen, hätte morgens mit ihr gefrühstückt. Aber ich wußte, daß Bernd ungeduldig auf mich wartete, da er ohnehin schon an der Geschichte zu nagen hatte.»

Als Erika dann nach Hause zurückkehrte, sah Bernd rot. Vergnügt erzählt er: «Dieses Lächeln, ihre selbstbewußten Bewegungen, der fremde Körpergeruch an ihr, alles zeugte von einer höchst genußvollen Liebesnacht. Meine guten Vorsätze, die Sache locker zu nehmen, waren wie weggewischt. Ich war verletzt, wütend, eifersüchtig, fühlte mich betrogen.»

Der schönen ersten Liebesnacht folgte an diesem Morgen ein handfester Ehekrach. Vorwürfe, Klagen, Drohungen von Bernd, Liebesbeteuerungen von Erika – und schließlich die Versöhnung im Bett. «Bernd nahm mich mit einer besitzergreifenden, verzweifelten Härte, die mich wahnsinnig stimulierte. Auf meinem Körper fühlte ich noch Simones Liebkosungen – und nun Bernds wilde und hemmungslose Leidenschaft, gemischt mit Wut und der Lust, mich zu bestrafen. Es war überwältigend.»

Während Erika die Situation auf ihre Weise genießen konnte, hatte Simone zu Anfang immense Schwierigkeiten mit der neuen Lage. «Es war ja alles so neu für mich. Ich sehnte mich sehr danach, daß Erika mehr mit mir zusammen wäre. Das Gefühl, die Nummer zwei zu sein, war zermürbend, weil Erika und der Sex mit ihr für mich so wichtig geworden waren.»

Eifersucht beherrschte auch Bernd noch eine ganze Weile. «Diese Eifersucht kam wohl aus meiner Unsicherheit und Angst. Es war nun einmal so, daß Erika und ich gerade erst wieder zusammengefunden hatten und ich unser Sexleben zu dieser Zeit als sehr schön erlebte. Ihr aber schien es nicht zu genügen. Sie brauchte noch etwas anderes. Das hat meine männliche Eitelkeit ziemlich angekratzt. Und es blieb auch die Angst, sie eines Tages ganz an Simone zu verlieren.»

Erika fühlte sich ebenfalls nicht sehr wohl in dieser Lage. «Da hatte ich endlich mein großes Glück gefunden – zwei Menschen, die ich liebte und begehrte und die mir sexuell alles gaben, was ich mir erhoffte. Aber meine Zufriedenheit und auch meine Lust wurden doch ziemlich getrübt durch die stummen Vorwürfe der beiden.»

Erika wollte die Situation entspannen, indem sie Simone zu einem abendlichen Treffen zu dritt nach Hause einlud. Diese erste Begegnung zwischen Simone und Bernd hätte verkrampfter nicht sein können. Lachend erzählt Erika: «Das war wirklich der Höhepunkt des Dramas. Bernd war total eisig und ständig bemüht, seiner Nebenbuhlerin deutlich zu machen, wer die älteren Rechte hatte. Also küßte er mich ständig oder legte die Hand auf mein Knie. Auf der anderen Seite war Simone verletzt und wütend, weil ich ihr vorher nicht gesagt hatte, daß Bernd dasein würde. Aber irgend etwas hatte schließlich geschehen müssen.»

Bernd: «Zugegebenermaßen gefiel mir Simone vom ersten Augenblick an.» Er schmunzelt zu ihr hinüber. «Na ja, hübsch ist sie ja nun wirklich. Aber genau das hat mich in den ersten beiden Stunden auch sehr aggressiv gestimmt...»

Simone unterbricht ihn: «Na, aggressiv zu sein, dazu hatte ich ja wohl mehr Grund. Wie ihr beiden da auf dem ehelichen Sofa saßt und du Erika immer so besitzergreifend anfaßtest – das war schon reichlich demütigend für mich. Eigentlich wollte ich gehen, aber ich hatte Angst, Erika wegen so einer Dummheit zu verlieren.»

Wie auf ein geheimes Kommando beschlossen die Beteiligten, die Lage humorvoll zu überspielen. «Ich fragte Bernd, ob ich seine Frau mal küssen dürfte», erklärt Simone. «Er stieg sofort darauf ein und meinte: ‹Wenn du danach mich küßt...› Dieses Spiel spielten wir immer weiter – bis wir alle drei im Bett des Hauses landeten.»

Für Bernd war es eine Traumnacht, wie er zugibt. «Meine ganze Unsicherheit war wie weggeblasen. Es war unglaublich geil, mit zwei so attraktiven Frauen im Bett zu sein. Eine Zeitlang habe ich zugesehen, wie sie einander küßten und streichelten. Danach habe ich mich ganz langsam selbst ins Spiel gebracht, zunächst beide oral befriedigt und später nacheinander mit Erika und mit Simone geschlafen. Ich hatte das Gefühl, die Sache wieder in der Hand zu haben. Erika warf mir danach vor, ich hätte meine

Macht genossen. Vielleicht stimmt das in gewisser Weise. Jedenfalls fühlte ich mich nicht länger zurückgesetzt.»

Bernd machte nach dieser ersten Nacht zu dritt den Vorschlag, so etwas könne man sich doch öfter mal gönnen. Doch Erika und Simone sträubten sich – und tun es noch heute.

Erika erklärt mir den Grund: «Bernd war der Pascha. Alles drehte sich nach der ersten halben Stunde nur noch um ihn – genauer, um seinen Schwanz. Ich möchte das – zur Zeit jedenfalls – nicht noch mal miterleben. Ich möchte, daß er ganz auf mich konzentriert ist, wenn ich mit ihm zusammen bin. Und von Simone wünsche ich mir das gleiche.»

Simone sieht das ähnlich. Doch bei ihr kam noch ein Gefühl der Fremdheit hinzu: «Natürlich war es in gewisser Weise lustvoll – aber ich war auch ungeheuer eifersüchtig, beispielsweise als ich sah, wie Bernd und Erika miteinander schliefen. Sie wirkten so eingespielt aufeinander. Ich kam mir wie das dritte Rad am Wagen vor, überflüssig. Ich war sehr froh, als mir Erika später sagte, daß sie das nicht wiederholen möchte in nächster Zeit.»

«Gemeinsamer Sex, nein – zusammen wohnen, ja.» Auf dieses Motto einigten sich die drei sehr bald.

Seit fast vier Jahren lebt Simone jetzt schon bei Erika und Bernd.

Bernd hat sich mit der Situation gut arrangiert. «Seitdem wir zu dritt Sex hatten, kann ich gut damit leben, daß Erika auch mit Simone schläft. Es macht mich sogar ziemlich scharf, wenn ich weiß, daß sie es miteinander treiben, während ich im Nebenzimmer bin. Ich kann mir ja jetzt vorstellen, was sich da abspielt zwischen den beiden. Da gibt es keine Eifersucht mehr bei mir.» Nach einer Pause fügt Bernd hinzu: «Schade finde ich nur, daß es nie wieder zum Dreier gekommen ist.»

Erika hat andere Sorgen: «Wir sind heute sehr zufrieden mit der Situation. Aber mir ist klar, daß Simone es manchmal schon als Manko empfindet, in keiner normalen Zweierbeziehung zu leben – schon wegen der Akzeptanz bei ihren Arbeitskollegen und so.» Leise sagt sie: «Ja, manchmal habe ich richtig Angst davor, daß sie uns von heute auf morgen verläßt.»

Simone schüttelt entschieden den Kopf: «Im Moment kann ich mir nicht vorstellen, mit jemand anderem als Erika zusammenzusein. Es stimmt allerdings – ich weiß nicht, ob ich auf Dauer so leben kann.»

Chancen und Risiken

Bisexualität zwischen Wunsch und Wirklichkeit

Zwischen allen Stühlen

Von der Last,
bi zu sein

Die bisexuellen Menschen, die mir ihre Erfahrungen und Erlebnisse anvertrauten, sind fast allesamt glücklich, so zu empfinden, wie sie es tun. Kaum einer hadert mit seinem Schicksal – damit, daß er Neigungen zum eigenen Geschlecht empfindet.

Allerdings ist ausdrücklich darauf hinzuweisen, daß es sich hierbei ganz überwiegend um «Bisexuelle im fortgeschrittenen Stadium» handelt. Das ist schon bedingt durch meine Erhebungsmethode: Nur wer sein eigenes Bi-Sein akzeptiert hat, kommt auf die Idee, sich auf eine Anzeige wie meine zu melden.

Was für ein langer und dornenreicher Weg oftmals vor diesem Sich-selbst-Akzeptieren liegt, machen etliche der Erfahrungsberichte deutlich. Wer in sich selbst erste Anzeichen gleichgeschlechtlicher Lust entdeckt, tendiert dazu, sie zunächst zu verdrängen oder sie allenfalls in der Welt der erotischen Phantasie zuzulassen. Das bisherige Verständnis von der eigenen Sexualität aufzugeben oder zu modifizieren und sich an ein neues sexuelles Ich-Verständnis heranzutasten – das wird so lange wie irgend möglich hinausgezögert.

In der Phase der bisexuellen Selbstfindung kommt es vor allem bei jungen Menschen oftmals zu starken Identitätskrisen. Der Bericht von André läßt erahnen, wie verunsichernd das Ungewohnte in einem selbst wirken kann.

Wer die heikle Selbstfindungsphase hinter sich hat, dem ist beileibe noch nicht die Tür zu einer erfüllten und angstfreien bisexuellen Existenz geöffnet.

Bisexuelle Menschen fühlen sich vielen Vorurteilen ausgesetzt. Sie sind hin- und hergerissen zwischen den Geschlechtern, keiner Gruppierung zugehörig und dabei allen nur möglichen Anfeindungen ausgesetzt. Dabei verlangt es bisexuelle Menschen nach Anerkennung ihrer sexuellen Identität. Von gesellschaftlicher Akzeptanz aber können sie nur träumen. Denn zu stark ist ihre Umwelt darauf fixiert, jedem seine klar definierte Schublade zu verpassen. Ein Bisexueller – das ist eben kein Hetero, aber auch kein Schwuler, sondern einer, der zwischen allen Stühlen sitzt. Und genau das verunsichert den «Normalen».

«Meine Umgebung versucht ständig, mich in eine Schublade zu packen. ‹Was bist du denn nun – schwul oder hetero? Was willst du denn nun – Mann oder Frau?›» beklagt sich ein Betroffener. «Die Antwort ‹beides› akzeptieren die wenigsten Menschen.»

Unsicherheit befällt auch die Lebenspartner eines Bisexuellen. Eine Frau, die erfährt, daß ihr Mann auch Sex mit Männern hat oder haben möchte, fühlt sich als Frau und Geliebte in Frage gestellt. Und rasch stellt sich dann auch die Angst ein, er könne irgendwann so viel Gefallen am Sex mit einem anderen Mann finden, daß er sich völlig der homosexuellen Liebe zuwendet und damit für sie verlorengeht.

Gesellschaftliche Ächtung und Angst vor dem Verlust des Lebenspartners führen dazu, daß nur wenige Männer ihre Bisexualität dauerhaft ausleben – und noch weniger leben sie offen aus.

Rolf Winiarsky von der Hamburger Universität unterscheidet vier Hauptgruppen von Bisexuellen:

– anonyme Bisexuelle; sie leben in einer heterosexuellen Partnerschaft und haben relativ regelmäßig Kontakte zu homosexuellen oder bisexuellen Partnern;

– gleichmäßig Bisexuelle; sie leben zumeist in keiner festen Partnerschaft und üben ihre Sexualität in relativer Offenheit mit wechselnden Partnern beiderlei Geschlechts aus;

– temporär Bisexuelle; bei ihnen treten gleichgeschlechtliche Bedürfnisse nur sehr sporadisch auf, oder sie werden zumindest nur phasenweise ausgelebt.

Die Mehrzahl der Bisexuellen lebt anonym. Da die konventionelle Hetero-Partnerschaft ihnen Schutz und soziale Stabilität gewährleistet, rütteln sie nicht an ihr.

Allerdings erzeugt diese Schutzstrategie ein Gefühl der Unvollständigkeit. «Das Gefühl, immer nur zu Hälfte geliebt zu werden, zur Hälfte befriedigt, zur Hälfte geachtet», wie es eine meiner Interviewpartnerinnen ausdrückte.

In einer festen homosexuellen Partnerschaft leben Bisexuelle selten – es sei denn, in ihnen ist die gleichgeschlechtliche Seite deutlich stärker ausgeprägt als die heterosexuelle. Im Zweifelsfall fällt die Wahl aus pragmatischen Gründen fast immer auf die Hetero-Partnerschaft. Recht typisch ist die folgende Aussage einer Frau:

«Der Druck der Umwelt war zu stark. Ich hatte das Gefühl, mich entscheiden zu müssen zwischen dem Mann und der Frau – obgleich das meinen inneren Wünschen gar nicht entsprach. Also habe ich geheiratet. Ich hätte mich genausogut für eine lesbische Partnerschaft entscheiden können, aber es erschien mir einfacher, in einer Ehe zu leben und nebenher lesbische Kontakte zu pflegen, als umgekehrt.»

Thema Aids

Die Sorgen bisexueller Männer

Eine weitere Belastung für Bisexuelle und ihre Partner stellt das Problem Aids dar. Belastend ist die eigene Angst vor der Krankheit, mehr aber wohl noch die Angst des Hetero-Partners, er könne sich mit dem durch einen gleichgeschlechtlichen Kontakt in die Ehe oder die Partnerschaft gleichsam eingeschleppten Virus infizieren.

Dies gilt natürlich vor allem für bisexuelle Männer. Insbesondere jene in einer festen Hetero-Partnerschaft lebenden Männer, die nebenbei homosexuelle Abenteuer suchen, gelten als Hauptverbreiter von Aids außerhalb der Schwulenszene. Der Grund: Da sie überwiegend zu Heimlichtuerei gezwungen sind, suchen sie ihre gleichgeschlechtlichen Sexualkontakte häufig auf dem Schwulenstrich, in entsprechenden Lokalen oder bei anderen Schwulentreffpunkten.

Diese Männer haben mit mehreren Problemen zu tun. Erstens werden sie von vielen für verkappte Homosexuelle gehalten, die nur deshalb in einer Hetero-Partnerschaft leben, weil sie nicht gegen die gesellschaftlichen Konventionen verstoßen wollen und/oder weil sie Angst vor der eigenen Homosexualität haben.

Zweitens leben sie in der ständigen Furcht, daß ihre Partnerin, daß ihr soziales Umfeld von ihren heimlichen homosexuellen Kontakten erfährt. Nur in den seltensten Fällen weiß die Partnerin von den außerehelichen Eskapaden ihres Mannes. Sollte doch einmal eine mißtrauisch werden, gibt er eher ein Verhältnis mit einer anderen Frau vor, als daß er sich zu einem gleichgeschlechtlichen Kontakt bekennt.

Auch die Männer möchten beides, den hetero- und den homosexuellen Kontakt, doch genießen können sie es selten. Das Versteckspiel, die Schuldgefühle schränken die Lust erheblich ein. Ich habe nur wenige getroffen, die verheiratet sind, nebenbei Männer lieben und deren Frauen davon wissen; kaum einer findet bei seiner Frau so viel Verständnis wie Manfred. Die andern waren zu absoluter Heimlichtuerei gezwungen.

Das dritte – und sicherlich nicht kleinste – Problem aber ist die aus Aids resultierende Angst. Immer wieder höre ich aus meinem Bekanntenkreis das Vorurteil, diese Männer seien die Hauptschuldigen für die Ausbreitung der Krankheit. «Schließlich können sie ja nach einem heimlichen Besuch in einer Schwulenbar nicht plötzlich zu Hause ein Kondom verwenden...»

Weit gefehlt, kann ich jenen Halbinformierten nur entgegnen. Ich habe etliche dieser Männer kennengelernt, die sich sporadisch in der Homoszene vergnügen, aber keinen, der dermaßen leichtsinnig gewesen wäre. Safer Sex war für keinen von ihnen ein Fremdwort. Er war ihnen so vertraut, daß sie es oft nicht einmal für erwähnenswert hielten, daß sie bei Ausflügen in einschlägige Lokale oder zu anderen Homosexuellen-Treffpunkten immer Kondome mitnehmen – und sie auch benutzen.

«Der Schock sitzt zu tief», erklärte mir einer. «Bevor ich das Risiko eingehe, meine Freundin anzustecken oder mich ihr zu offenbaren – was die schlimmere Alternative wäre –, benutze ich lieber ein Kondom, auch wenn es lästig ist.» Er hatte – wie die meisten meiner Gesprächspartner – nach Ausbruch der Aids-Hysterie einen Test gemacht und sich, nachdem der negativ ausgefallen war, konsequent geschützt.

Ein anderer jener verheirateten Männer mit homosexueller Neigung, die ich bei meinen Recherchen kennenlernte, erzählte mir, er sei so verschreckt gewesen, daß er drei Jahre lang keine einzige Beziehung mit einem Mann gehabt habe. «Inzwischen bin ich zwar auf Geschäftsreisen wieder fremdgegangen», sagte er, «aber Analsex kommt für mich nicht mehr in Frage – nicht einmal mit Kondom. Dazu liebe ich meine Frau und die Kinder einfach viel zu sehr.»

Es verblüffte mich keineswegs, daß alle diese Männer beteuerten, ihre Frauen wirklich zu lieben und ein durchaus harmonisches Ehe- und Familienleben zu führen. Auch wenn ich mit keiner der Ehefrauen gesprochen habe, habe ich keinen Anlaß, diesen Aussagen zu mißtrauen.

Männliche Bisexualität: für den Betroffenen häufig eher Last denn Lust. Zu stark sind meist die Verlustängste und die Verständnislosigkeit der Partnerin – oder aber die Furcht des Mannes, die Toleranz der Partnerin durch Offenheit überzustrapazieren. Zu stark sind zudem die gesellschaftlichen Vorurteile gegen männliche Homosexuelle – und in diese Schublade steckt man den Bisexuellen eben gern. Daß er den sozialen Normen zuwiderhandelt, bezahlt er teuer.

Aus diesem Problem gibt es eindeutig nur einen Weg: die Ehrlichkeit der Partnerin gegenüber. Wolfgangs Fall macht sehr schön deutlich, daß es unter bestimmten Voraussetzungen funktionieren kann. Die wichtigste Voraussetzung scheint mir zu sein: Die Partnerin muß sich klarmachen, daß ihr Verständnis gegenüber den bisexuellen Neigungen des Mannes und ihre Bereitschaft, sie zu tolerieren, die Partnerschaft eher festigen als in Frage stellen werden. Kein bisexueller Mann wird die Hetero-Partnerschaft einer gleichgeschlechtlichen Lebensgemeinschaft opfern. Es sei denn, seine homosexuellen Neigungen sind wesentlich stärker als seine heterosexuellen – und dann wird die Partnerschaft, die er nur aus Konventionsgründen eingegangen ist, sowieso kaum von Dauer oder zumindest für beide Partner ohne wirkliche sexuelle Erfüllung sein. Die Angst mancher Frauen, ihr Mann könnte durch ein homosexuelles Erstlingserlebnis «umgedreht» werden, halte ich für ziemlich abwegig.

Noch lustvoller als der «erlaubte» homosexuelle Seitensprung oder die «erlaubte» Zweitbeziehung sind für viele bisexuelle Männer die Möglichkeiten der Liebe zu dritt. Bevor ich hierauf aber näher eingehe, zunächst einige grundsätzliche Gedanken zur weiblichen Bisexualität.

Eine neue Welt entdecken

Liebe zwischen Frauen

Liebesbeziehungen zwischen Frauen sind von besonderer Art. Es sind Beziehungen, die von Zärtlichkeit, Nähe und Verständnis füreinander geprägt sind. Die meisten Beziehungen zwischen Frauen sind von einer Verbundenheit, die bis zur Verschmelzung geht.

In einer Frauenbeziehung treffen zwei Menschen aufeinander, die die Fähigkeit zum sensiblen Umgang miteinander haben, die beide dazu erzogen wurden, das Du wichtiger zu nehmen als das Ich, die bereit sind, sich zurückzunehmen. Diese typisch weiblichen Eigenschaften bieten per se die Möglichkeit zu glücklichen Liebesbeziehungen; sie bergen jedoch auch die Gefahr – das gilt für lesbische Beziehungen genauso wie für heterosexuelle –, die eigenen Bedürfnisse hintanzustellen und allzu passiv zu agieren.

Die Liebesbeziehung zwischen Frauen ist geprägt durch die erste Beziehung jeder Frau – die zur eigenen Mutter. Diese Beziehung ist von dem Wunsch geprägt, eins zu sein mit der Mutter, aber auch durch die Angst, die die Autonomie der Mutter bereitet. Denn die Selbständigkeit der Mutter bedeutet: Sie kann mich jederzeit verlassen. Die Angst, verlassen zu werden, bestimmt fortan das Liebesleben der Frau.

Ein zweites Grundgefühl ist prägend für das weitere Leben. Das Mädchen lernt, daß seine Loslösung von der Mutter von dieser als Ablehnung verstanden wird – ein Problem, das Jungen in einer patriarchalischen Gesellschaft nicht haben. Es lernt früh und unter Schmerzen: Sorge für Harmonie, verletze niemanden durch eigene Bedürfnisse, sonst drohen Einsamkeit und Verlust.

Die quasi homosexuelle Beziehung, mit der die Frau ihr Leben beginnt, diese Beziehung mit dem Objekt stärkster Identifikation, der Mutter, schafft eine symbiotische Bindung zwischen beiden. Damit ist in dem Mädchen ein Grundmuster angelegt, dessen Wiederholung in späteren Liebesbeziehungen wieder angestrebt wird.

Doch in heterosexuellen Verbindungen sind diese Symbiose und die Innigkeit, die das Verhältnis zur Mutter prägte, kaum zu realisieren. Das lernt das zur Frau heranwachsende Mädchen rasch. Zu unterschiedlich ist die Rolle, die der Mann zu spielen gelernt hat, von der eigenen.

Für Frauen, die die lesbische Liebe entdecken, öffnet sich oft eine völlig neue Welt – oder eben eine ganz alte Welt: eine Welt, in der Innigkeit, seelische Nähe, körperliche Intensität wie selbstverständlich vorhanden sind. Ein Stück weit wird das in der Mutter-Tochter-Liebesbeziehung angelegte Muster wiederholt. Die Mauern, die die Frau in Hetero-Beziehungen als naturgegeben zu akzeptieren gelernt hat, sind plötzlich nicht mehr vorhanden.

Der symbiotische Charakter, den Liebesbeziehungen zwischen Frauen oft haben, birgt Gefahren: Die Symbiose führt leicht zur seelischen Abhängigkeit. Das Glück macht verletzlich. Und es verführt zu einem Ausschließlichkeitsdenken: Ich will dich ganz und gar für mich allein.

Doch diese Gefahr ist für Frauen, die wie ich das Glück einer Frauenbeziehung genossen haben, zumeist nur ein kleiner Wermutstropfen. Vor allem anderen bietet eine Liebesbeziehung zwischen Frauen die Chance, sich selbst positiv weiterzuentwickeln. Monica Streit hat dies in «Lesben Liebe Leidenschaft» sehr schön zusammengefaßt:

«In einer Frauenbeziehung kann es gelingen, verdrängte Bedürfnisse, tiefe Ängste und geheime Sehnsüchte auszuleben, da die andere Frau eine einfühlende, verstehende Ich-Stütze ist und dadurch so viel Vertrauen, Geborgenheit und Verständnis vermitteln kann, daß in dieser Beziehung sehr schnell Leichtigkeit und Selbstsicherheit entstehen kann. Und damit eine befriedigende und befreiende Sexualität.»

Sexualität zwischen Frauen ist anders, ganz anders als zwischen Frau und Mann. Streicheln und gestreichelt werden, küssen und geküßt werden – das ist nicht nur Teil eines zielgerichteten Vorspiels, nicht nur Mittel zum Zweck, sondern ganzer Inhalt.

«Im Bett mit einer Frau habe ich die schönsten Orgasmen», sagt Karin, 27, eine der von mir interviewten Frauen. «Hier kann ich mich gehenlassen, darauf vertrauen, daß sie nicht aufhört, mich zu streicheln oder zu küssen, bis ich zum Orgasmus komme. Hier geht es nicht nur darum, so feucht zu werden, daß der Geschlechtsakt möglich ist, wie so oft beim Sex mit einem Mann, hier habe ich nicht das Gefühl, daß sie das Streicheln auf sich nimmt, um zum Ziel zu kommen, quasi als Pflichtübung. Und ich merke, wie es sie selbst erregt, wenn sie mich an meinen empfindlichsten Stellen berührt, einfach weil es ihre eigenen empfindsamsten Stellen sind, weil sie genau weiß, was ich fühle, genau spürt, in welchem Maße meine Erregung wächst und sich steigert.»

Sex zwischen Frauen geht ins Detail, ist nicht beschränkt auf die Geschlechtsteile. Die weibliche Erotik ist komplexer, eine Berührung der Handflächen, des Ohrs, spielerisch langes Kreisen am Hals und am Nacken, in den Kniekehlen, und alles ohne Zeitdruck, nicht zielgerichtet, das macht die Besonderheit der gleichgeschlechtlichen weiblichen Sexualität aus.

«Ihre Zunge war überall», so beschreibt Sylvia, 35, ihr erstes Erlebnis mit einer Frau. «Allein wie sie meine Finger, die Handgelenke, die Handflächen küßte – es war himmlisch! Ich hatte vorher gar nicht gewußt, wie erotisierend das sein kann. Und wie sich ihre Zunge dann ihren Weg suchte von meinen Schultern zu meinen Brüsten, wie sie unendlich lange meine Brustwarzen umkreiste, sich Millimeter um Millimeter den inzwischen aufgerichteten, ganz harten Spitzen näherte, um ihnen endlich das zu geben, was ich mir ersehnte – ich kann gar nicht beschreiben, wie erregend das war!»

Als besonders faszinierend empfinden Frauen die Sexualität miteinander, weil sie hier angstfrei experimentieren können und ohne Scheu davon sprechen können, was sie erregt, was ihnen zuviel oder zuwenig ist. Die Scham verringert sich, weil man mit einem Menschen zusammen ist, der genauso empfindet wie man selbst. Es kommt auch nicht darauf an, ständig eine gute Figur zu machen oder gar die allzeit geile und orgasmusfähige Geliebte zu spielen, wie manchmal beim Sex mit einem Mann. Sich fallen zu lassen und seiner Phantasie freien Lauf zu lassen ist für Frauen bei der gleichgeschlechtlichen Liebe sehr viel leichter möglich als bei der heterosexuellen. Es ist kein Zufall, daß lesbische Erlebnisse und Phantasien meist viel «unanständiger» sind als heterosexuelle Erlebnisse und Phantasien von Frauen (ausgesprochene SM-Szenen mal ausgenommen). Weibliche Schilderungen wie die folgende (aus dem Sammelband «Und mein Verlangen ist grenzenlos» von Lonnie Barbach) scheinen mir typisch:

«Mehrmals kneift sie, um meine fast unerträgliche

Erregung noch zu steigern, mit den Fingern in meine Brustwarzen. Ich erkläre ihr, daß ich mich selbst berühren möchte, tue es, und sie tropft Öl auf ihre Finger und schiebt einen davon in meinen Hintern. Ich glaube fast zu explodieren vor all der kribbelnden schwellenden Erregung, als sie ihren Finger tief in mich hineinschiebt, hinein, hinaus, hinein, hinaus. Mein Orgasmus überfällt mich, zuerst ganz außen, und schickt seine Wellen dann bis in mein Zentrum.»

Sogar eher passiv veranlagte Frauen finden in einer gleichgeschlechtlichen Begegnung oft den Mut, aus sich herauszugehen und den anderen, fremden und doch vertrauten Körper ohne falsche Scham zu berühren. Geradezu euphorisch berichtet eine sonst beim Sex mehr reagierende denn agierende Frau über ihr erstes gleichgeschlechtliches Erlebnis:

«Ich blicke hinab auf ihr weiches goldenes Nest und verspüre Ehrfurcht beim Anblick von so viel Schönheit. Ich berühre ihre Falten, sauge jenes wahrhaft zu Kopf steigende Parfüm in mich ein, mit der Zunge ihre Lippen teilend, suche ich nach unmittelbaren Reaktionen, wo ihre Lust an die Oberfläche steigt. Ich umfasse ihre Hüften mit beiden Armen, während meine Zunge ihre Klitoris streichelt, das Häutchen sanft nach hinten schiebt, sie wirft sich von einer Seite auf die andere, ich weiß jetzt, daß sie kommt, und bleibe bei einer steten Bewegung, ohne Tempo und Richtung zu verändern. Heftig kommt sie zum Höhepunkt.»

Der Sex zwischen Frauen ist eben frei von Peinlichkeiten und Beweisnöten, sagen Betroffene. Da ist niemand, der eine besondere Potenz zur Schau stellen müßte, da gibt es keine Angst vor dem Versagen oder davor, nicht richtig zu funktionieren. So kann das Spielerische in den Vordergrund rücken, die Lust am nicht zielgerichteten Experiment, die Frauen im Zusammensein mit Männern allzuoft verdrängen.

Die besondere sexuelle Lust, die Frauen miteinander erleben können, fußt nicht zuletzt auf einem Maß an gegenseitigem Vertrauen, das in Hetero-Beziehungen selten anzutreffen ist. Viele der bisexuellen Frauen, die ich interviewte, haben die Erfahrung gemacht, wirkliche Geborgenheit nur bei einer anderen Frau finden zu können. So sagte mir Andrea, 32, die seit einigen Jahren ihre beidseitigen Bedürfnisse ohne Heimlichtuerei befriedigt:

«Die Beziehung zu einer Frau stillt eine tiefe Sehnsucht in mir. In den Armen einer Frau zu liegen vermittelt mir jene Art von Geborgenheit, wie sie nur zwischen Frauen vorkommen kann und die vielleicht an die erinnert, die man im Arm der Mutter empfindet: Sie gibt einem das Gefühl, unendlich sicher zu sein bei diesem Menschen, beschützt, gleich welches Unheil auch immer hereinbrechen mag. Ja, man glaubt, untrennbar verbunden zu sein mit diesem Menschen. In der weiblichen Sexualität findet eine Verschmelzung statt, die zwischen Mann und Frau niemals stattfinden kann.»

In diesem Sinne äußert sich auch eine anonyme Frau in Lonnie Barbachs «Und mein Verlangen ist grenzenlos»: «Es ereignete sich eine Art Wunder zwischen den Oberflächen unserer nackten Körper, ehe sie sich auch nur berührten. Es war Begehren und wurde im gleichen Moment auch von ihrem Körper erkannt, wuchs dadurch an Intensität, als das Begehren wie ein Echo von meinem Körper zu ihrem ging. Ihr Körper, ihre Haut, das weiche Fleisch, das meines berührte, nahm sofort alles in sich auf, was ich war, was ich wußte und vor mir selbst verbergen oder geheimhalten wollte. Alles, was ihr Körper in mir erkannte, war gesegnet, und gleichzeitig spürte mein Körper alles, was sie je gefühlt hatte, und weinte um das, was sie erlitten hatte. In meiner Seele wuchs eine unendliche Zärtlichkeit für sie.»

Als «eine Art Wunder» erleben Frauen oft die gleichgeschlechtliche Erotik. Es ist eben viel mehr als reine Sexualität, was sich zwischen Frauen abspielt. In Frauenbeziehungen sind viel öfter als in Hetero-Beziehungen Sex und Liebe untrennbar miteinander verbunden. Beide auseinanderzudividieren scheint mir eine typische «Qualität» von Männern zu sein – vermutlich wohl aus Bindungsangst resultierend.

«Nie konnte ich ehrlicher und freier von Liebe sprechen und sie gleichzeitig genießen als bei meiner Freundin», erzählt mir Barbara, 34. Sie gehört zu den Frauen, die sich ihrer Bisexualität voll bewußt sind und darauf achten, «wirklich in zwei Gefühlswelten zu leben», was sie nicht als Schizophrenie empfindet, sondern als Bereicherung. «Was ich erlebe, sind die Sonnenseiten sowohl des hetero- wie auch des homosexuellen Lebens», behauptet sie.

Liebe und Sex sind für Barbara, 25, eines. Das erste Mal mit ihrer Freundin beschreibt sie so: «Wir taten es also und liebten uns. Sie gab mir ihren Mund, ihre Hand, ihr Selbst. Und ich berührte sie und drang in sie ein und versank in ihr. Dieses Begehren, diese Ekstase, diese heißen Wellen, die durch den ganzen Körper liefen! Und dann diese absolute Gelöstheit, als seien wir endlich in einer Welt angekommen, die wir uns ein Leben lang ersehnt hatten. Ich fühlte mich nie so glücklich. Wegen dieser Nacht und vieler anderer, die folgten, und der Stunden, die wir nur zusammensaßen, nahe beieinander und glücklich und entspannt, oder uns in die Augen schauten, die dieses Glück bargen, die Erinnerung, das Versprechen. Es war etwas in dieser Liebe, das sie unterschied von allen anderen Gefühlen, die ich bislang gekannt hatte.»

Ein Plädoyer fürs Lesbentum? Nein, nicht von mir – dazu finde ich die Erotik mit einem Mann, der mir gefällt und der das, was mich von ihm unterscheidet, aufregend und anziehend findet, viel zu schön.

Aber ein Plädoyer an jede Frau, das für sie vielleicht noch Undenkbare zu denken – und es auszuprobieren, wenn sie das Bedürfnis dazu empfindet.

Wie viele Frauen mehr oder weniger heimlich Lust auf die gleichgeschlechtliche Liebe verspüren, wissen wir spätestens seit Nancy Fridays Buch über «Die sexuellen Phantasien der Frauen». Die amerikanische Autorin machte deutlich, «daß in sehr vielen Phantasien von Frauen eine andere Frau auftaucht, bei der sie finden, was sie in der Realität von ihrem Liebhaber nicht erhalten» – Zärtlichkeit vor allem.

Nancy Friday betont, daß der Fluchtpunkt gleichgeschlechtlicher weiblicher Phantasien keineswegs der Verzicht auf die heterosexuelle Beziehung ist. Hier geht es nicht um Ersatz, sondern um Komplettierung. Denn von den meisten Männern erhält die heutige Frau längst nicht alles, was sie sich in erotischer Hinsicht ersehnt; sie «sind viel zu sehr damit beschäftigt, ihre eigenen sexuellen Bedürfnisse zu erfüllen». Kein Wunder also, wenn Friday zu dem Schluß kommt: «Bisexualität ist heute en vogue.»

Viele Frauen trauen sich nicht, ihren bisexuellen Neigungen wirklich nachzugehen. Sie warten – bewußt oder unbewußt – darauf, daß ihnen das Aha-Erlebnis in den Schoß fällt. Wir Frauen sind eben dazu erzogen worden, aufs Schicksal zu warten. Dabei erspart es uns viel Zeit und beschert uns möglicherweise viel Lust, selbst Schicksal zu spielen.

Zwischen Ekstase
und Eifersucht

Liebe zu dritt

Mehr als die Hälfte aller Frauen träumt davon, und immerhin rund 20% erfüllen sich den Traum. Bei den Männern sind es gar 80%, die ihn in ihren erotischen Phantasien durchspielen, und mehr als ein Drittel hat ihn bereits mehr als einmal erlebt – den «flotten Dreier», wie der Volksmund die erotische Triole nennt.

Dies behauptet jedenfalls der amerikanische Sexualwissenschaftler Arno Karlen (in seinem Buch «Liebe zu dritt»), der sich zwanzig Jahre lang mit dieser Form der Sexualität beschäftigt und eine Vielzahl von Intensiv-Interviews mit Menschen in den USA geführt hat, die sie häufiger praktizieren.

Auch wenn die Zahlen überhöht sein dürften, zumindest auf deutsche Verhältnisse nicht übertragbar – eines steht fest: Die Liebe zu dritt findet immer mehr Anhänger. Man braucht nur in die Privatanzeigenspalten der regionalen Tageszeitungen zu blicken – von den einschlägigen Kontaktmagazinen ganz zu schweigen –, um zu wissen, welche Anziehungskraft die Möglichkeit, erotische Stunden zu dritt zu erleben, auf viele Menschen heute ausübt.

Liebe zu dritt hat natürlich zunächst einmal nicht unbedingt etwas mit Bisexualität zu tun. Bei den meisten Dreiern dürfte es nicht zu bisexuellen Handlungen kommen. Jedenfalls sind sie wohl in den seltensten Fällen intendiert. Sexualwissenschaftler sehen in der heutigen Tendenz vieler Menschen zur Triole (oder auch zum Vierer) eher einen ausgeprägten Voyeurismus am Werk. Das gilt vor allem für Männer, die sich für die Ehefrau einen «Hausfreund» ins Bett holen.

Die Triole ist nicht per se bisexueller Natur, aber sie bietet natürlich bisexuellen Personen besonders reichhaltige Möglichkeiten. Kein Wunder, daß in den Interviews, die ich führte, die Liebe zu dritt immer wieder zur Sprache kam. Als Wunschtraum, als heißersehnte Möglichkeit, die Lust an beiden Geschlechtern gleichzeitig auszuleben, ist sie in den Köpfen vieler, vor allem männlicher Bisexueller – auch wenn es in der Mehrzahl aller Fälle wohl nie zur Realisierung dieses Traums kommt.

Auf der anderen Seite passiert es gelegentlich, daß sich gleichsam ungeplant im Rahmen eines Dreiers bisexuelle Aktivitäten ergeben. In einer Atmosphäre des Vertrauens, der Übereinstimmung und der sexuellen Erregung erscheint es manchmal als das Natürlichste der Welt, auch den gleichgeschlechtlichen Triolenpartner anzufassen, zu streicheln, zu küssen, ihn genital zu stimulieren oder gar den Geschlechtsverkehr mit ihm auszuüben.

Überhaupt wollen manche Bisexuelle ihre Lust auf das eigene Geschlecht grundsätzlich nur so ausleben: im Beisein des eigentlichen Partners, der gleichsam die Initialzündung geben muß und häufig auch als Katalysator für die Schuldgefühle wegen der eigenen Bi-Gelüste fungiert.

Für ungeplante Bi-Aktivitäten im Rahmen eines Dreiers sind Frauen augenscheinlich offener als Männer. Experten halten sie in dieser Hinsicht für wesentlich experimentierfreudiger. Hinzu kommt, daß die gleichgeschlechtliche Liebe für Frauen generell viel natürlicher ist als für Männer.

So experimentierfreudig Frauen auch sind – auf eine quasi institutionalisierte Dreierbeziehung mit einer anderen Frau lassen sie sich nur ungern ein. Das gilt auch für jene ausgesprochen bisexuellen Frauen, die verheiratet sind und deren Männer von der anderen Seite ihrer Sexualität wissen. Oft haben sie – so wie ich oder Erika und Simone – die Erfahrung gemacht, daß die Anwesenheit des Mannes eher störend ist für das streßfreie Ausleben der eigenen gleichgeschlechtlichen Neigungen. So treffen sie die Freundin lieber allein – es sei denn, sie halten es für opportun, sie zumindest hin und wieder in das eheliche Sexleben einzubeziehen, um die Ehe nicht zu gefährden.

Frauen, die mit ihrem Ehemann das Arrangement getroffen haben, die Bisex-Geliebte regelmäßig oder hin und wieder ins Ehebett zu holen, sind wirklich äußerst selten. Und überdies ist dieses Arrangement meist nicht von langer Dauer: Es wird früher oder später seitens des Mannes aufgekündigt, da die verletzten Besitzansprüche auf die Ehefrau zu guter Letzt schwerer wiegen als das Verständnis für ihre Bisexualität – und auch schwerer als die voyeuristische Lust am lesbischen Sex, die oft ausschlaggebend dafür ist, daß er sich auf das Experiment Triole einläßt.

Häufiger als der Dreier zwischen zwei Frauen und einem Mann ist der zwischen zwei Männern und einer Frau. Wobei diese Art der Triole in aller Regel nicht von einer lüsternen Ehefrau angezettelt wird, die nicht genug kriegen kann. Nein, Initiator ist zumeist der Mann. Seine voyeuristischen Neigungen sind hierbei, wie gesagt, mindestens ebensooft die treibende Kraft wie eingestanden bisexuelle Interessen. Doch ich bin mir sicher, daß fast immer eine zumindest latente bisexuelle Ader vorhanden ist, wenn ein Mann seiner Frau eine Triole mit einem anderen gönnt.

Allerdings frage ich mich: Ist nicht schon die Lust des Mannes zuzuschauen, wie seine Frau von einem andern sexuell verwöhnt und genommen wird, wie sie ihn verwöhnt und befriedigt, ein Zeichen bisexueller Neigungen? Ich behaupte, daß viele der Männer, die sich – sei's als «Herr des Hauses», sei's als

«Freund des Hauses» – auf eine Triole mit einem anderen Mann einlassen, sich im stillen, vielleicht uneingestanden, mehr erhoffen als die Lust an der gemeinsamen Befriedigung der Frau.

Welche Motive einen Mann auch immer in eine Triole führen – Dreier zwischen zwei Männern und einer Frau sind im Durchschnitt eher noch kurzlebiger als solche zwischen zwei Frauen und einem Mann. Denn Eifersucht – meist seitens des beteiligten Ehemanns – tritt hier noch häufiger auf.

Eifersucht kann eine Triole zum Alptraum für einen oder mehrere Beteiligte und zum Stolperstein für eine Beziehung werden lassen. Viel öfter aber verhindert sie von vornherein den Versuch, sich auf dieses Spiel einzulassen.

Viele Frauen denken wie Margot, 42 Jahre alt und seit 22 Jahren verheiratet. Sie erzählt mir: «Ich stelle mir oft vor, mit einer anderen Frau und meinem Mann sexuell zu verkehren. Als Idee finde ich das unheimlich aufregend, sobald mein Mann aber eine entsprechende Bemerkung macht, steigen in mir Angst und Eifersucht auf. Ich glaube nicht, daß ich ertragen könnte, meinen Mann mit einer anderen Frau schlafen zu sehen – und das auch noch in unserem Ehebett. Obwohl ich bereits kurz vor meiner Heirat ein lesbisches Erlebnis mit einer Freundin hatte, das ich unheimlich schön fand, irritiert mich der Gedanke. Das mit meiner Freundin war toll – so zärtlich und weich. Ich hätte schon große Lust, das wieder einmal zu erleben. Aber was ist, wenn mein

Mann sich dann in sie verliebt – oder sie auch nur attraktiver oder besser im Bett findet als mich? Manchmal bin ich richtig heiß darauf, daß es passiert – und dann habe ich wieder eine furchtbare Angst, etwas könnte kaputtgehen in unserer Beziehung.»

Gegen Eifersucht im Dreier sind Männer noch weniger gefeit. Bernd, 48, berichtet: «Ich weiß seit ungefähr zehn Jahren, daß ich bisexuell bin. Zuerst suchte ich mir ab und zu einen jungen Lover. Als meine Frau dahinterkam, mußte ich ihr versprechen, das abzustellen. Wir überlegten dann gemeinsam, wie ich mit meiner Bisexualität umgehen könnte, ohne daß sie sich hintergangen fühlen muß. So kamen wir vor ungefähr zwei Jahren auf die Idee der Triole. Ein Jahr dauerte es, bis wir einen jungen Mann gefunden hatten, der uns beiden gefiel und bereits Bisex-Erfahrungen hatte. Wir versprachen uns sehr viel von diesem Kontakt – doch es endete im Desaster. Wir hatten verabredet, daß jeder mit jedem tun darf, wonach den beiden gerade ist. Aber als es soweit war, daß er mit meiner Frau schlief, war das für mich ganz unerträglich. Nicht daß ich Grund gehabt hätte, mich vernachlässigt zu fühlen: Beide stellten meine Lust ganz in den Mittelpunkt. Aber als er dann in ihr war und ich ihre Geilheit sah und ihn sogar zu Sachen ermunterte, die sie bei mir nie mochte – da gab es nur noch Eifersucht bei mir. Wir haben es nie wieder probiert.»

Sexuelle Triolen können zum Schlachtfeld für Rivalitätskämpfe und unlautere Machtspiele werden, sie können verletzen und Beziehungen gefährden – doch sie können auch eine überaus beglückende Erfahrung darstellen, sie können den Beteiligten eine ungeahnte sexuelle Lust schenken und den eigenen Horizont erweitern.

Arno Karlen zeigt in seinem Buch «Liebe zu dritt», daß trotz aller Skepsis und aller Ängste, die oftmals vorher herrschen, die Menschen, die Liebe zu dritt praktizieren, überwiegend positive Erfahrungen gemacht haben. Seine Probanden stellten immer wieder heraus, daß diese Form der Sexualität anders ist als jede andere: «sehr erregend, etwas ganz anderes», «viel aufregender als zu zweit, aber mehr als drei kommen sich nur ins Gehege», «unabhängig von der geschlechtlichen Zusammensetzung (besteht) ein wesentlicher Unterschied zu Zweierkisten, Vierern und größeren Gruppen», «man ist sich ganz nah», «alles ist offener, als wenn wir zu zweit bleiben».

Der Dreier wird zur Realitätsprüfung – zur Prüfung auch der eigenen Person. Die Anwesenheit eines Dritten bewirkt, daß jeder Beteiligte im Geist neben sich tritt und sich mit den Augen der anderen zu sehen versucht. Dies nimmt ihm die Sicherheit und macht ihn zugleich offener und sensibler, auch den eigenen Bedürfnissen gegenüber. So zitiert Karlen einen seiner Gesprächspartner:

«Besonders erregend war es, wenn die beiden Frauen homosexuellen Verkehr hatten, obgleich beide Frauen keine lesbische Vorgeschichte hatten, sondern bei unserem Dreier die erste Erfahrung damit machten. Ich glaube, wenn jemand seinen erotischen Bedürfnissen auf die Spur kommt, ist immer Homosexualität im Spiel... Es ist aufregend, der eigenen Erotik freien Lauf zu lassen, und dann dieser herrlich offene Umgang von drei Leuten, die miteinander fühlen und Gemeinschaft erleben.»

Die Erfahrung der Liebe zu dritt birgt oft manche Überraschung: Alte Wünsche, aber auch Rivalitäten erwachen neu, gleichzeitig können dabei jedoch neues Selbstvertrauen, Stolz und Selbstbestätigung zutage treten, ebenso wie Haß, Neid und Selbstverachtung oder eine große Unsicherheit.

Manche Menschen – vor allem Frauen – wagen, nach den Erkenntnissen von Karlen, das Dreier-Erlebnis aus quasi therapeutischen Erwägungen heraus. «Sie sprechen davon, daß ihnen diese Erfahrung eine Menge über sich selbst und ihre eigenen Ängste beigebracht habe. Sie mußten sich mit ihren Selbstzweifeln auseinandersetzen, die trotz der sogenannten sexuellen Revolution an den meisten von uns nagen: Bin ich erotisch tauglich, sind meine Brüste nicht zu klein, meine Hüften nicht zu breit? Wie reizvoll bin ich im Vergleich zu der anderen? Bin ich gut im Bett? Bin ich der körperlichen Anforderung überhaupt gewachsen? Werde ich mich beherrschen können, wenn ich Rivalität und Eifersucht empfinde?»

Die Ergebnisse dieser Selbstbefragung sind nicht immer aufmunternd. Manche Menschen fühlen sich nach einem solchen Erlebnis in ihren schlimmsten Befürchtungen bestätigt: Sie erfahren Zurückweisung, Angst, Zorn, Scham und Konkurrenzverhalten, fühlen sich als Versager. Doch genauso häufig passiert das Gegenteil: Man erfährt, wie sehr man begehrt wird, wieviel Lust man geben und empfinden kann.

Viele der von Karlen befragten Frauen erlebten in der Triole ihren ersten Orgasmus oder ihren ersten mehrfachen Orgasmus. Viele ließen sich auch erstmalig auf neue Praktiken ein, auf oralen oder analen Sex etwa oder auf erotische Spiele mit einer anderen Frau. Viele entdeckten ihre sexuelle Eigenständigkeit.

Auch ein Mann kann sich bei der Liebe zu dritt zu seinem Vorteil verändern. Er lernt beim Zusehen und gewinnt durch die Reaktionen, die er bei den Frauen auslöst, an Sicherheit und Selbstvertrauen. Sowohl ein zweiter Mann als auch eine zweite Frau können seine erotischen Fähigkeiten und seinen Einfallsreichtum anregen. Er wird sensibler und zugleich selbstbewußter durch den Stolz, den Anforderungen der Situation gewachsen zu sein.

Schließlich, so Arno Karlen, kann ein erotisches Erlebnis zu dritt ein tiefes Gefühl von Zusammengehörigkeit und Gemeinschaft auslösen: «Ein Wir-Gefühl, wie es jede Gruppe erfährt, die sich gemeinsam in eine gefährliche Situation begibt und diese zum Glücke aller Beteiligten meistert.»

Liebe zu dritt ist Gift für Beziehungen, in denen nicht Harmonie und gegenseitiges Vertrauen herrschen. Liebe zu dritt, das bestätigen alle meine Gesprächspartner, ist kompliziert. Sie kann zum Schlüsseler-

lebnis für das Erkennen und Realisieren lang ver-
drängter Wünsche werden – aber auch zum Alptraum. Ein glücklicher Dreier bedeutet Schwerst-
arbeit, behaupten Männer und Frauen, die diese
Form der Liebe pflegen und damit glücklich sind.

Vom Frust zur Lust

Hetero-Krise und
Bisexualität

Der deutsche Sexualwissenschaftler Ernest Bornemann, trotz seines hohen Alters noch immer mit wachem Ohr am Puls der Zeit, zeigte sich kürzlich alarmiert. Männer, so seine Feststellung, haben keine Lust mehr auf Frauen, Frauen keine Lust mehr auf Männer. Bornemann sieht die herkömmliche Hetero-Beziehung in einer schweren Krise.

Die Männer haben Angst vor den erotischen Forderungen, die die Frauen heute an sie stellen, werden verunsichert in ihrer Identität und ziehen sich zurück. Die Frauen indes sind genervt durch die Unsicherheit der Männer und ihr hilfloses Suchen nach einer neuen, der emanzipierten Frau wie ihrer eigenen Natur gerecht werdenden Rolle. Kaum hat sich der Mann in der Rolle des empfindsamen, rücksichtsvollen, seine eigenen Lüste unterdrückenden Partners eingerichtet, ist's der Frau nicht mehr recht.

Verunsicherung allüberall. Die Medien berichten von Männern, die sich den ehelichen Pflichten entziehen, weil sie den Sexstreß nicht mehr ertragen, und von Frauen, die so denken wie die Verfasserin des folgenden Leserbriefes an eine große deutsche Frauenzeitschrift:

«Mir ging so viel verloren in den auf ewige Kameradschaft und Verständigung und Gleichberechtigung ausgerichteten Beziehungen. Ich möchte begehrt werden, möchte die Lust eines Mannes auf mich spüren und nicht seine zaghafte Frage hören, ob es mir wohl eventuell genehm sein könnte heute abend, und wenn, dann wie?»

Frau will sich wieder als Frau fühlen können, wieder einmal so empfinden, wie es Heidelore Klug in ihrem Buch «Der Mann meiner Träume» beschreibt:

«Ohne ihn gesehen zu haben, weiß ich, daß er der Mann meiner Träume ist. Meine Knie werden weich, sacken ein und unter mir weg. Gehen wir? Ich nicke. Ja, ich will mit ihm gehen, ich möchte immer nur bei ihm sein. Nichts anderes zählt, ich lebe nur, wenn er da ist, und sterbe, wenn er geht. Er ist mein Leben, und ein Leben ohne ihn ist der Tod.»

Die von Bornemann konstatierte Krise der Hetero-Beziehung ist zweifellos eine wichtige Ursache dafür, daß immer mehr Menschen die Lust an der Bisexualität entdecken. Das mehr oder weniger diffuse Unbehagen am Ist-Zustand ist für viele ein Anstoß, sich umzuschauen, Neues auszuprobieren, unbekanntes Terrain zu betreten – und auf der Suche nach dem Neuen vielleicht etwas ganz Altes zu entdecken: die bisexuellen Neigungen, die in uns sind.

Für mich selbst war es ein großer Gewinn, mich auf meine bisexuellen Gefühle einzulassen – nicht nur momentaner Lustgewinn, sondern auch ein Gewinn für mein Selbstverständnis als Frau und damit mittelbar ein Gewinn für meine heutige Hetero-Partnerschaft.

Ich möchte um Gottes willen niemanden zur Lust an der Bisexualität überreden. Wer nicht das Bedürfnis verspürt, soll's sein lassen. Aber ich möchte die, die – so wie ich vor noch gar nicht langer Zeit – das Gefühl haben, sie sollten es einmal ausprobieren, ermuntern, es ohne falsche Hemmungen und Ängste zu tun. Ich hoffe, dieses Buch macht deutlich, daß es durchaus Risiken birgt, seine Bisexualität auszuleben – aber auch die Chance, ein erfüllteres, aufregenderes, bunteres Leben zu führen.